DO!

Título original:
DO! THE PURSUIT OF XCEPTIONAL EXECUTION

Traducción:
FEDERICO ESPECHE

Diseño de tapa:
EL OJO DEL HURACÁN

KEVIN KELLY

DO!
En búsqueda de una realización
xcepcional

GRANICA
ARGENTINA - ESPAÑA - MÉXICO - CHILE - URUGUAY

© 2013 *by* Kevin Kelly, Poilini, Furbo, Co. Galway, Ireland
© 2015 *by* Ediciones Granica S.A.

ARGENTINA
Ediciones Granica S.A.
Lavalle 1634 3º G / C1048AAN Buenos Aires, Argentina
granica.ar@granicaeditor.com
atencionaempresas@granicaeditor.com
Tel.: +54 (11) 4374-1456 Fax: +54 (11) 4373-0669

MÉXICO
Ediciones Granica México S.A. de C.V.
Valle de Bravo Nº 21 El Mirador Naucalpan Edo. de Méx.
(53050) Estado de México - México
granica.mx@granicaeditor.com
Tel.: +52 (55) 5360-1010 Fax: +52 (55) 5360-1100

URUGUAY
granica.uy@granicaeditor.com
Tel: +59 (82) 413-6195 FAX: +59 (82) 413-3042

CHILE
granica.cl@granicaeditor.com
Tel.: +56 2 8107455

ESPAÑA
granica.es@granicaeditor.com
Tel.: +34 (93) 635 4120

www.granicaeditor.com

Reservados todos los derechos, incluso el de reproducción en todo o en parte, y en cualquier forma

GRANICA es una marca registrada

ISBN 978-950-641-853-3

Hecho el depósito que marca la ley 11.723

Impreso en Argentina. *Printed in Argentina*

Kelly, Kevin
  DO! : en búsqueda de una realización *xcepcional*. - 1a ed. - Ciudad Autónoma de Buenos Aires : Granica, 2015.
  162 p. ; 22x15 cm.

  ISBN 978-950-641-853-3

  1. Liderazgo. 2. Superación Personal. I. Título
  CDD 158.1

*A mi hijo, Conor,
mi pequeña estrella*

ÍNDICE

AGRADECIMIENTOS — 11

Capítulo 1
REALIZACIÓN XCEPCIONAL DE UNA IDEA ORDINARIA — 13

Capítulo 2
CONFESIONES DE UN ASESINO DE IDEAS — 19

Capítulo 3
EL FACTOR MIEDO — 25

Capítulo 4
ESTATUS DE XPERTO: ETERNO ESTUDIANTE — 35

Capítulo 5
VERSE A SÍ MISMO — 41

Capítulo 6
LA RENTABILIDAD DE LAS INTUICIONES — 49

Capítulo 7
DESCIFRAR EL CÓDIGO — 53

Capítulo 8
ELEGIR AMIGOS ANTES QUE CLIENTES — 59

Capítulo 9
SUÉÑELO — 69

Capítulo 10
HÁGALO — 75

Capítulo 11
LOS XCEPCIONALISTAS — 87

SOBRE EL AUTOR — 155

AGRADECIMIENTOS

¡Vaya! Este ha sido un proceso increíble, distinto a todas mis experiencias previas en la escritura de un libro. He aprendido, indudablemente, el valor de formar un equipo fantástico que propone desafíos, cuestiona límites y, finalmente, impulsa el desempeño más allá de la imaginación. En orden completamente aleatorio, un sentido agradecimiento al equipo junto con el cual escribimos este libro.

Estoy enormemente agradecido al xcepcional Tim Sanders y el equipo de Net Minds, una compañía incipiente e innovadora que está transformando el mundo de la edición de libros. Gracias por su amistad y su sabia guía a lo largo de este proceso.

Al Director del Proyecto, Gary Percy, que lo arriesgó todo para ponerme a prueba durante todo este proceso. Gracias por tus preguntas incisivas y por tu increíble organización.

A mi increíblemente talentoso colaborador, mi editor literario, Adam Wren. Un millón de gracias por establecer los estándares y elevar la vara más alto de lo que pensé que podía saltar.

Gracias al diseñador, Ute Christopher, por sus increíbles aportes creativos.

Brian Solon, consultor editorial, transformaste el libro en proporciones épicas.

A mi amiga y revisora Eileen Bennett, un sincero agradecimiento por tu trabajo a lo largo de los años.

A los Xcepcionalistas, que prueban que las personas más ocupadas y brillantes también pueden tener los pies sobre la tierra. Gracias por las estimulantes conversaciones que compartimos y espero con ansias sus nuevos proyectos.

Y a mi entorno cercano:

A mi esposa, Deirdre, por su fe y su amor, y a mi hijo, Conor.

A mis padres, Kevin y Mary, que alentaron mi evolución.

A mi amigo Gary Loughlin, un brillante camarógrafo que sigue yendo más allá del deber.

A todos mis familiares y amigos en todo el mundo, por su inspiración.

REALIZACIÓN XCEPCIONAL DE UNA IDEA ORDINARIA

¿Qué le parece si empezar y llevar adelante un negocio xcepcional fuese más simple de lo que jamás imaginó? No más fácil. No que lleve menos tiempo. No menos estresante, sino más simple. Adivine qué: lo es. ¿Qué le parece si le dijese que muchos emprendedores exitosos no empezaron con una visión inspiradora, ni siquiera con un plan de negocios realizable? Adivine qué: eso también es cierto. ¿Qué le parece si fuese posible dominar un mercado sin ninguna experiencia previa en él? ¿Y bien? Lo es.

Una realización xcepcional consiste en tomar una idea relativamente simple y llevarla adelante desde la concepción hasta el éxito. La revolucionaria investigación de Amar Bhidé, de la Universidad de Columbia, en 2000, titulada *The Origin and Evolution of New Businesses* (*El origen y la evolución de los nuevos negocios*), reforzó el significado de esta expresión al revelar que el 88 % de las "compañías emergentes" era resultado de "la realización excepcional de una idea ordinaria", según sus dueños. Tan solo el 12 % derivaba de nuevos inventos.

Amar me dijo que si bien algunos de los factores han cambiado desde que publicó sus hallazgos, como el acceso a capitales, que está más distribuido gracias a la financiación colectiva o *crowdfunding*, junto con la popularización de los emprendimientos y el surgimiento de un ecosistema incipiente global, estos desarrollos no han cambiado los principios fundamentales de su trabajo.

No hace falta ser Bezos o Branson, Einstein o Jobs. Su producto no tiene que ser un Bentley, un Hublot o un Stradivarius. Y su producto o servicio no tiene por qué ser Dropbox, Flickr o Hulu. Simplemente debe encontrar una idea común e implementarla con una realización xcepcional.

¿Cómo lo sé? En pocas palabras: toda mi vida está relacionada con hacer y realizar. Crecí en un pequeño pueblo en la costa oeste de Irlanda y empecé mi vida en el negocio de mi familia, la Tienda de Kelly, vendiendo gasolina y comestibles a la edad de seis años. Durante los siguientes doce años, atendí a todos los tipos de personas que existen en el planeta. Desde el cliente que quería contarme la historia de su vida –a mí, el atento niño de seis años–, hasta el que quería velocidad y eficiencia a toda costa.

Después de la universidad, trabajé durante tres años en marketing para empresas de manufactura y construcción –rompiendo cada uno de sus récords de ventas–, hasta que decidí fundar mi propia firma, Advanced Marketing, en 1990. Allí trabajé con PYMES que producían todo tipo de cosas, desde ambulancias hasta escaleras de madera talladas a mano y puertas de hierro forjado.

Una de mis aventuras en el extranjero me llevó al África, donde construí escuelas y entrené profesores y alumnos en los barrios pobres de Mukuru, en Nairobi. Después de eso, me convertí en consultor de empresas multinacionales y asesor de compañías incipientes en estrategias de crecimiento.

En mis viajes, he tenido la buena suerte de conocer a algunas de las mejores mentes de negocios del planeta: los Xcepcionalistas. Provienen de todas partes del mundo y lideran algunas de las marcas y compañías más reconocidas, cuentan con entre mil y tres mil empleados, y sus ingresos van desde los cien mil hasta los ciento treinta millones de dólares.

En este libro podrá aprender de aquellos que viven y respiran el etos de la realización xcepcional. Al hablar con los Xcepcionalistas, me sumerjo en sus almas para destacar el pensamiento y el ADN emprendedor que subyace a su éxito.

Los Xcepcionalistas destierran el mito de que un visionario con un plan de negocios cuidadosamente preparado prosperará –o ni siquiera sobrevivirá– en el mundo real de los negocios. Son emprendedores de Buenos Aires, Argentina; Bolonia, Italia; Des Moines, Estados Unidos, y Galway, Irlanda, entre otros, que llevan adelante empresas de aplicaciones, consultoras, clínicas y empresas tecnológicas en expansión. Verdaderos realizadores que enfrentan el miedo, tienen en mente el éxito, y nos ofrecen consejos prácticos y rituales diarios para ayudarle a lograr la realización xcepcional de su idea.

Los Xcepcionalistas

Asthma Care – Galway, Irlanda
Idea regular: la respiración por la nariz
Ejecución excepcional: el uso de esta habilidad básica para brindar beneficios en soluciones para ronquidos, atletismo de alto rendimiento, asma y otros.

Balsamiq – Bolonia, Italia
Idea regular: pizarras
Ejecución excepcional: en cinco años, fue de cero a 150.000 clientes y seis millones de dólares en ventas. Único fundador, *bootstrapped*, equipo distribuido.

Blo Blow Dry Bar – Vancouver, Canadá
Idea regular: secado de cabello
Ejecución excepcional: la brillante marca ha visto la expansión de la franquicia de Canadá a los Estados Unidos, y ahora al Lejano Oriente.

Business Model You – Portland, EE.UU.
Idea regular: asesoramiento profesional
Ejecución excepcional: desde la planificación de carrera hasta el modelo de carrera.

Dwolla – Des Moines, EE.UU.
Idea regular: comercio
Ejecución excepcional: el objetivo es modificar la forma en que se procesan los pagos de todo el mundo. Cuenta con la posibilidad de eliminar las tarjetas de crédito de su bolsillo.

Globant – Buenos Aires, Argentina
Idea regular: desarrollo de productos de software
Ejecución excepcional: en 12 años, la empresa, especializada en la creación de productos de software innovadores, creció de cuatro fundadores a más de 3.000 empleados, recibe 1.600 currículums al mes y crea software para las principales compañías de tecnología como Google, Electronic Arts y LinkedIn.

Outfit7 – Limasol, Chipre
Idea regular: Talking Tom Cat
Ejecución excepcional: aborda el factor diversión y entra en el corazón de las personas con sus personajes, ha superado los dos mil millones de descargas.

Unislim – Newry, Irlanda del Norte
Idea regular: pérdida de peso
Ejecución excepcional: el club de adelgazamiento de mayor trayectoria en Irlanda, que ha sobrevivido a todas las dietas de moda, trucos y la última "cura milagrosa" en el mercado con 300 clases semanales en todo el país y su lanzamiento en Reino Unido en 2015.

WeDemand – Río de Janeiro, Brasil
Idea regular: conciertos
Ejecución excepcional: la plataforma *Crowdsourcing* y *crowdfunding* que atrae a más de 100 bandas internacionales a Brasil, con más de 158.000 entradas vendidas, y crea recursos invaluables para promotores, bandas y seguidores.

CAPÍTULO 2

CONFESIONES DE UN ASESINO DE IDEAS

Hola, mi nombre es Kevin y solía ser un asesino de ideas.

Durante casi una década, mi trabajo consistió en destruir conceptos para nuevos pequeños negocios antes de que llegasen a lanzarse. Sí, detener ideas potencialmente geniales antes de que salieran al mercado. Es cierto que eso no es lo que figuraba en mi tarjeta de presentación pero, si lo hubiese sido, habría sido correcto.

Oficialmente, yo era un Consultor de Viabilidad: los clientes me traían ideas para pequeños y medianos negocios. Mi trabajo, entonces, era preparar un informe elegante y rebuscado que analizase si el negocio iba a fracasar o a tener éxito.

Por 10.000 dólares por proyecto, durante años analicé exhaustivamente docenas de ideas para negocios, como centros de recreación, boutiques de muebles y un negocio de venta de cristal fino. Algunas, tal vez, no hubiesen tenido éxito. Otras podrían haberse convertido en marcas mundiales. La verdad es que, cuando destruí los sueños de esos emprendedores, no conocía otra manera de hacer las cosas.

Lo que sí sabía era cómo decir "no". Así es como yo mataría su idea: usted me pide que yo evalúe su nuevo negocio. Nos sentamos juntos en un lindo café, aquí en Irlanda, a solo unos pasos del Océano Atlántico, y usted me cuenta.

A lo mejor me cuenta una idea para un negocio incipiente que podría cambiar el mundo, potenciaría la industria y causaría un gran alboroto. Me cuenta sobre las fuentes de ingresos que propone y todos los motivos por los cuales su idea triunfaría. Su idea tiene una cultura creativa y distinta, un plan para incitar a los empleados a comprometerse, y está focalizada en la economía de contactos. Su nuevo negocio cumple con todos los requisitos necesarios para crear entusiasmo.

Entonces, yo me voy, y encuentro suficientes razones por las cuales este negocio no tiene chances de tener éxito. No a propósito, claro, pero, desafortunadamente, este era el resultado normal.

La lista de motivos en contra es interminable. Un producto así ya existe. Existe hace más tiempo que su nuevo concepto, tiene una marca más reconocida y cuenta con más participación en el mercado. Sería difícil competir y hacer que su idea funcione. Si realmente es un producto nuevo, entonces no hay mercado para él; sin mercado no hay demanda, sin demanda no hay ventas, y sin ventas no hay ganancias.

Unas semanas más tarde, comparto mi perspectiva. Mientras tomo mi café con leche y miro, con una chispa en los ojos, el mar tranquilo a través de la ventana –que está detrás de usted–, me dirijo a usted y le doy mi veredicto: "Su negocio fracasará". A todos los negocios innovadores que aparecen en este libro les hubiera dado el mismo pronóstico: fracaso.

Para terminar mi infame sesión de asesinar una idea, respaldo mi posición con un informe de 60 páginas. Aunque redacto el resultado usando jergas y sutilezas, el resultado es casi siempre el mismo: la idea, sea cual fuese, no puede ser realizada. ¿Imagina qué les hubiese dicho a aquellos que se presentasen sin conocimiento de la industria? ¿Sin una visión convincente? ¿Sin un plan de negocios? A Ben Milne, de Dwolla, por ejemplo, le hubiese dicho que su idea no tenía potencial.

Todo lo que Ben tenía era el intenso deseo de resolver un problema existente. Su compañía estaba pagando demasiado en comisiones de tarjetas de crédito. Cuando Ben compartió por primera vez su visión de cambiar la manera en que la gente envía y recibe pagos móviles, se le presentó una pregunta: "¿Por qué?". ¿Por qué existe la necesidad de crear Dwolla cuando el sistema funciona perfectamente? Buena pregunta. Su respuesta llegó en forma de un producto que significa un desafío de un millón de dólares por día para empresas como Visa o MasterCard. Ben dice: "En realidad, Kevin, el sistema actual no funciona perfectamente".

El hombre que fundó Dwolla, y que está cambiando el rostro del mundo financiero, no tenía experiencia previa en la industria cuando comenzó en 2009. Cuatro años más tarde, la revista *Forbes* incluyó en su listado a Ben Milne como uno de los 12 nombres más disruptivos en los negocios por su idea de ayudar a los clientes a procesar las transacciones de manera más simple.

Si cuatro hombres de negocios argentinos me hubiesen llamado para decirme que querían hacer de su país un centro tecnológico durante una crisis financiera en la que el peso fue devaluado, rápidamente les habría señalado la salida. No habría necesitado saber que no contaban con un plan de negocios, que el país no tenía antecedentes en tecnología y que solo poseían 5.000 dólares de capital. Esos cuatro emprendedores fundaron Globant, que es hoy una compañía global con 3.000 empleados e ingresos de 129 millones de dólares.

¿Y qué piensa de la mujer que admitió en su primera clase que no tenía la menor idea de cómo perder peso? ¿Hubiese valido la pena pagar el combustible para ir a verla? Agnes McCourt, ahora de 72 años, creó Unislim, la organización para perder peso más grande de Irlanda. Lleva más de 40 años de existencia, y sigue creciendo y evolucionando.

No son historias aisladas. El 40 % de los fundadores de Inc. 500 entrevistados en el libro de Amar Bhidé no tenían experiencia previa en trabajar en la actividad que terminaron por dominar. Una encuesta entre los emprendedores de Inc. 500 mostró que el 60 % de ellos no había creado un plan de negocios antes de lanzar su empresa.

Después de años de decir que no, aprendí algunas lecciones muy importantes. La más trascendental es: no se trata de la idea. No se trata del plan de negocios o de la visión convincente para empezar el proceso. Es algo menos complicado que eso. Y tampoco se trata de éxitos o fracasos ocasionales, se trata del emprendedor que está detrás de esos éxitos y fracasos.

Se trata de la realización xcepcional de esa idea ordinaria.

Realización xcepcional

El mejor antídoto para el exceso de conocimiento es la realización. ¿Por qué? La realización permite atravesar el miedo y generar confianza. El conocimiento siempre da suficientes motivos para no actuar. La realización implica dar el siguiente paso a pesar de ese conocimiento. Una realización xcepcional es dar ese paso con decisiones respaldadas por la claridad y la comprensión.

Lo siguiente es un consejo sobre cómo lidiar con personas como yo: (ex) asesino de ideas. Se refiere a cómo tratar con el asesino de ideas que está dentro de usted mismo, esa parte de su cerebro en la que el miedo y el conocimiento le impiden realizar las brillantes ideas que su mente genera diariamente. Y se trata de desarrollar emprendedores como usted para que sean la clase de personas para quienes la realización xcepcional de una idea ordinaria se convierte en parte de su ADN.

Mi objetivo es que usted realice una de sus ideas de una manera realmente excepcional. Siempre tendrá suficientes motivos para no actuar, para no ¡HACER! Falta de tiempo, falta de dinero, falta de apoyo por parte de aquellos de quienes cree que necesita su apoyo, falta de voluntad o habilidad. Lo importante no es lo que falta. Lo importante no es la idea. Lo que importa es lo que logre ¡HACER! ¿Qué llegará a ¡HACER!?

Este es, sin lugar a dudas, el consejo de un hombre común a quien otros describen simplemente como una persona apasionada y auténtica con un apetito insaciable por aprender. No soy un gurú o un líder intelectual, soy un realizador. Después de años de decirle a gente como usted todo lo contrario, cualquier cosa que tenga en la cabeza puede realizarse.

Una realización xcepcional trae resultados. Para lanzar y liderar una empresa innovadora no hace falta inventar la próxima lámpara incandescente. Ni precisa tener 50.000 dólares en el banco. Puede empezar con lo que tiene, exactamente donde está.

CAPÍTULO 3

EL FACTOR MIEDO

Reglas australianas

El viaje a Melbourne no fue agradable. Sin afeitar y vistiendo un pantalón deportivo gastado, fui llegando al lugar designado para mi reunión en Chapel Street, un distrito conocido por sus restaurantes elegantes y sus paseos de compras.

Era la mañana siguiente de la noche anterior, y botellas vacías y otros residuos adornaban el camino. Con cada paso que daba, el ladrillo en mi estómago parecía ganar masa y peso. No quería ir a donde tenía que ir y, una vez que llegué allí, no quería hacer lo que se suponía que debía hacer.

Al contrario de mi habitual huida hacia adelante frente a los nuevos desafíos, me detuve a descansar por un momento y me senté en el pórtico de un edificio deteriorado, tratando de prepararme para la tarea que debía realizar: mendigar la paga del día.

Era a principios de los años 90 y yo estaba visitando Australia como parte de mi constante estudio sobre el comportamiento humano; específicamente, estaba tratando de entender la fuente de la energía personal.

Quería saber cuál era el origen de mi pasión, energía y entusiasmo. ¿Estaba yo diseñado de manera distinta? Desde lo económico no necesitaba mendigar, por suerte me iba bien. Emocional y psicológicamente, sin embargo, necesitaba superar algunos temores.

Después de descansar en el escalón, supe que no podía postergarlo más. Para empezar, encontré un lugar relativamente transitado. Pensé: "Tal vez debería hacer un intento de práctica".

Extendí mis manos, con las palmas hacia abajo. Incluso fingir mendigar era aterrorizante. En ese momento, una señora mayor caminaba hacia mí. "Es fácil, puedo hacerlo", pensé. "Solo tengo que..."

Y, sin embargo, no pude ni mirarla. Girar mis manos hacia la posición formal de mendigo me resultaba imposible. Pasaron diez o quince minutos, pero el sentimiento de temor seguía presente.

El desafío era demasiado para mí, pero, ¿por qué? Después de todo, estaba en Melbourne, Australia, y yo era Kevin Kelly, de Ballintubber, un pueblo somnoliento en el oeste de Irlanda con dos bares, una escuela, una tienda, una oficina de correo y ruinas históricas. Ballintubber era un punto en el mapa, no un destino.

Nadie me conocía aquí. Era el entorno perfecto para que un hombre de negocios irlandés, habitualmente vestido de Armani, se pusiese a mendigar. Nada de eso parecía importar ya que un misterioso poder me había atrapado: ¡el miedo! Justo entonces, vi a mi amigo Chris en la distancia.

"No vas a conseguir mucho dinero con las manos en esa posición", me dijo. "No puedo hacerlo", dije quejándome. "No puedo" era una frase de dos palabras que, hasta entonces, había sido inexistente en mi vocabulario cotidiano.

"Claro que puedes", contestó Chris. "Mira, yo ya tengo dos dólares."

Aunque estaba agradecido por su apoyo, sus palabras no tuvieron el efecto deseado. Su éxito como mendigo me enfermaba. Si él también hubiese fracasado, por lo menos podríamos habernos quejado juntos.

Mientras se desarrollaba esta tonta escena, me topé con uno de los grandes dilemas de la experiencia humana y encontré una opción: exponerme al posible fracaso o mantener la imagen que tenía de mí mismo. ¿Era mayor el probable daño a mi ego por fracasar que el impacto negativo de mendigar?

"¡Ponte de pie y pídele a la gente!", ordenó Chris. "¿Qué les dices tú?", le pregunté, con la esperanza de descubrir alguna fórmula verbal para asegurar el éxito. "¿Me da algo de dinero?", respondió.

Puf, no era exactamente lo que esperaba. Usando mis últimas reservas de coraje, me puse de pie. En apenas segundos, ya había pasado frente a tres personas. Las palabras no salían con facilidad. Finalmente, después de haberme arrinconado, decidí, resignado, ponerme en acción. Sin pensarlo dos veces, me acerqué a un hombre mayor.

"¿Me da algo de dinero, por favor?", le pregunté. "No", respondió terminantemente y, apenas se hubo ido, empecé a reírme. Me reí tanto que me dolía. Era una risa mezclada con placer y desesperación. Placer porque sentía que me habían quitado un gran peso de encima. Desesperación porque algunas personas simplemente no son amables y porque está claro que mendigar no es bueno para la salud. Una vez que renové energías, pedí donaciones a otras cuatro personas, pero todas se negaron a darme siquiera un centavo. Y eso que, según dicen, los irlandeses tenemos un vínculo especial con los australianos.

Cuando volví a encontrarme con mis amigos, descubrí que Zack, Diana y Chris, todos mis compañeros de aprendizaje, habían obtenido dinero. "¿Cómo diablos consiguieron tanto?", pregunté.

Zack había obtenido seis dólares al contarle a la gente quién era, de dónde venía y cuál era el objetivo del ejercicio: "la muerte del ego". Al recordar el viejo refrán que dice "locura es hacer siempre lo mismo y esperar diferentes resultados", decidí adoptar la estrategia de Zack.

Mis amigos fueron a donar su dinero y yo fui a buscar mis primeros centavos. Me acerqué a un grupo de jóvenes e insistí en contarles la historia y después, naturalmente, les pedí dinero. Recibí otra respuesta negativa.

Ya sin orgullo, intenté negociar con ellos. "Cincuenta centavos, veinte, diez, lo que sea", les dije. Ni un centavo. Por primera vez en mi vida empecé a entender cómo se sienten aquellos que están obligados a mendigar para subsistir. Esta experiencia fue el catalizador de un gran cambio en mi actitud hacia esas valientes personas. Mientras caminaba de regreso a mi automóvil, recordé que había traído algo de dinero para una taza de café. Saqué diez dólares de mi bolsillo y se los di a un mendigo que estaba sentado por ahí. Había cambiado para siempre.

Ese cálido y húmedo día en Melbourne aprendí que nuestro orgullo, nuestro ego y nuestro miedo al fracaso a menudo no nos dejan alcanzar el éxito; nos obligan a conservar empleos que no nos gustan, a trabajar para gente a la que no soportamos, en pos de cosas que realmente no deseamos. Todas esas cosas no nos permiten descubrir la felicidad, vivir vidas llenas de significado y ofrecerle nuestro arte al mundo.

Ese día enfrenté a mis peores temores: el temor a ser humillado y el temor a fracasar. No se trataba del dinero. Se trataba de encontrar el coraje para mendigar y, consecuentemente, sentirme un pedazo de basura frente a todos; superar mi ego al tener en claro que soy mucho más que eso, saber que el fracaso está bien siempre y cuando aprendamos y crezcamos gracias a él. Ese día crecí dos metros.

La mentira más grande en el negocio

La mitad de todas las nuevas empresas fracasa luego de sus primeros cinco años. La mentira que esparcimos es que si usted empieza un negocio, la mitad de las chances es que se venga abajo. Miles de emprendedores lanzan su idea por sus propios medios y caen de bruces. Escarmentados por esa experiencia, vuelven a sus antiguos jefes y a sus antiguas formas de vida, nuevamente a seguir las reglas.

Estos fracasos no son ni finales ni fatales. Muchos de estos emprendedores, expuestos a una libertad nunca antes experimentada, aprenden de sus fracasos y llegan a empezar negocios que prosperan. ¿Cómo sobreviven los emprendedores al fracaso temprano? No ven sus fracasos como fracasos. Consideran estas experiencias como aprendizaje y preámbulos del éxito futuro.

Ben Milne, de Dwolla, dice: "Ya he tenido unos cincuenta fracasos. En realidad he fracasado en adaptar el producto. Anteriormente, me equivoqué al elegir a mis socios de negocios. Casi quiebro tres veces a lo largo de mi carrera. Cuando estás fracasando lo importante es admitirlo. Hay que recordar que después del fracaso todavía hay oportunidades. Mientras más lo niegues, menos posibilidades tendrás".

Para Peldi, de Balsamiq, el fracaso no siempre es un gran problema en los negocios. "Los errores no importan tanto, siempre y cuando los arregles lo antes posible y te levantes. Puede que haya asperezas al principio, pero todo irá bien si solucionas los problemas. Es básicamente la manera incipiente de hacer las cosas: sácalo afuera y escucha. No tengas miedo de lanzar un producto del que todavía no estás completamente orgulloso. En los últimos años, hubo tres ocasiones en las que presentamos un mal producto. Inmediatamente nos disculpamos en nuestro blog y trabajamos para solucionarlo. La ironía es que un sitio web nos citó como 'La disculpa de la semana'".

¿Por qué temer las críticas? ¿Por qué estigmatizar el fracaso en el trabajo cuando te acerca a lograr tus metas organizativas? Si quiere ir en búsqueda del próximo gran éxito, las críticas son parte de los gajes del oficio.

El miedo como combustible

¿Cómo lidiamos con el miedo? Varios Xcepcionalistas parecen tener un método en común: tratarlo con respeto y considerarlo un maestro. Sin él, seríamos complacientes. Después de analizar la fuente de sus miedos, ellos actúan, tal vez para atenuar riesgos o para prepararse aún más, pero en todos los casos realizan acciones decisivas que los acercan a sus metas.

Enfrentar sus miedos

A principios de los años 70, durante el pico de la inestabilidad política que sacudía a Irlanda del Norte, Agnes McCourt, dueña de Unislim, tuvo que enfrentar su mayor miedo. Un lunes recibió una llamada de un cliente que le preguntaba por qué habían cancelado sus clases. Al no poder contactarse con el encargado del curso, Agnes y su marido decidieron ir hasta el lugar donde normalmente se dictaba la clase en cuestión, una sede unionista en un pueblo cercano.

Esa noche, cerca del local, un hombre –con el rostro oculto por un pasamontañas y con un arma en la mano– se acercó al automóvil a preguntarles sobre sus planes de viaje. Cuando entendió quiénes eran, apuntó con el arma al marido de Agnes, Brian, y les sugirió que abandonaran el lugar inmediatamente. Se les recordó además lo que le había sucedido a la Miami Show Band, una popular banda de cabaret de Dublín que hacía años había sido asesinada por un grupo paramilitar de Irlanda del Norte en un lugar cercano.

Consternados y asustados, volvieron a su casa por una ruta alternativa. Al llegar, Agnes entró corriendo a la casa, subió las escaleras, entró a la habitación de sus hijos y los abrazó mientras pensaba en el destino que podrían haber sufrido. Poco después, todos los locales unionistas cancelaron sus clases de Unislim. Otro día, unos manifestantes en Portadown llevaban pancartas que aconsejaban a la gente que no apoyara a las tiendas Dunnes o a Unislim. ¿Por qué sucedía esto?

Los unionistas pensaban que Unislim simpatizaba con el Ejército Republicano Irlandés. Mientras pasaban por ese valle oscuro, el marido de Agnes quería cortar todos los lazos de negocios con Irlanda del Norte y mudarse a Irlanda del Sur.

Agnes aceptó mudarse a Irlanda del Sur, pero no quiso ceder ante las presiones y continuó desarrollando el mercado en el norte. ¿Por qué? "En los negocios, uno no puede tener miedo y debe hacerle caso a la voz interior que se lleva dentro", dice. "Esto siempre me ha dado la fuerza interna para enfrentarme a quien quiera interponerse entre lo que creo que está bien y lo que creo que es injusto."

Devon Brooks, cofundadora del Blo Blow Dry Bar, el singular negocio de cuidado personal para la mujer, sabe una o dos cosas acerca del miedo. Fue atacada con violencia en dos incidentes enteramente aislados, uno a los 18 años y otro a los 21, y atravesó el proceso judicial subsiguiente que culminó con la declaración de culpabilidad de ambos hombres. Hizo uso de todo su coraje y se prometió a sí misma que nunca dejaría que su pasado le impidiese entrar en acción.

Ya sea el miedo a hablar frente a un par de miles de personas o conocer a un nuevo cliente, ella siempre se detiene, reflexiona y recurre a la misma fuerza que antes la ayudó, tras lo cual enfrenta el nuevo desafío sin temor. Devon dice: "A veces vives la vida y a veces la vida es algo que te sucede, pero siempre puedes elegir qué hacer al respecto".

Tim Clark, de Business Model You, sugiere una perspectiva interesante: "Hay toda una industria de personas que se ayudan a sí mismas con el apoyo moral y que te incitan a que tú también lo hagas, a dar el salto; yo te mostraré cómo se hace".

Tim cree que los emprendimientos no se basan en ideas, planes o modelos; se basan en ser muy competente en algo. La manera de vencer el miedo, según él, es poner a prueba nuestra competencia.

¿Qué es lo peor que puede pasar?

Cuando aparece el miedo en las decisiones de negocios, Patrick McKeown dice que a él lo ayuda tomar lápiz y papel y escribir tres posibles resultados.

- ¿Cuál es el mejor resultado posible?
- ¿Cuál es el peor resultado posible?
- ¿Qué resultado hay a mitad de camino entre los dos anteriores?

Patrick dice que los emprendedores que sobreviven a largo plazo calculan sus riesgos y tienden a no tomar decisiones importantes con la cabeza enterrada en la arena.

LA ACTIVIDAD VENCE AL MIEDO

Para un grupo de Xcepcionalistas en Brasil, WeDemand.com, el miedo nunca fue un problema. Han estado tan inmersos en la actividad que aman que no han tenido tiempo ni ganas de sentir miedo. "Les diría a los emprendedores que no tengan miedo. Si te quedas sentado pensando en tu idea, nada ocurre. En todo caso, solo puedes perder dinero, y no hay de qué avergonzarse por intentarlo", dice el cofundador, Bruno Natal. Así que, básicamente, no hay nada que temer.

En mi propia carrera, sin contar Melbourne, el miedo no ha estado muy presente. Siempre he tenido una fe inquebrantable en mi misión y, como resultado, he dominado el arte de estar cómodo en la incomodidad. A nivel personal, siempre les he tenido miedo a las alturas. Sin embargo, sabía que la única manera de superarlo era enfrentarlo y vencerlo. Cada vez que nuestra familia iba a un parque de aventuras al aire libre, el primer desafío que me proponía era la tirolesa. Es interesante cómo transpiraba de nervios mientras me deslizaba con la tirolesa, pero la felicidad que sentía después hacía que todo valiese la pena. Con el tiempo, el miedo ha disminuido poco a poco. Sigue ahí, pero es tolerable.

Resulta una ironía que uno de los temores más comunes de la gente sea hablar frente a grupos de personas. Sin lugar a dudas, esa es mi pasión. Cuando hablo me dejo llevar y el miedo abandona el escenario. El desafío para usted, emprendedor, es encontrar su pasión y dejar el miedo atrás.

CAPÍTULO 4

ESTATUS DE XPERTO: ETERNO ESTUDIANTE

El arte de la reciprocidad

En 1998 me encontraba en un avión camino a los Andes peruanos. Un profesor de Colorado que conocí en el viaje compartió la siguiente historia sobre la importancia de la interdependencia y del camino del "Yo" al "Nosotros":

"Cuando dos indígenas quechuas se encuentran por primera vez en una montaña de cinco mil metros de altura en Perú, es común que se establezca un reto. Supongamos que el reto sea una carrera. En su sociedad, quien gana la carrera debe entrenar al perdedor hasta que este adquiera una destreza similar. A cambio, el perdedor le enseña al ganador una nueva habilidad. Esta interdependencia ayuda a ambos. Los dos ganan, y su sociedad también. Ayni, el arte de la reciprocidad, garantiza que la sociedad en su conjunto crezca."

Qué hermosa manera de vivir. Con el tiempo, yo también he llegado a creer que un sentido de interdependencia es la etapa final en nuestro progreso como individuos.

Los quechuas reconocen que todos tenemos talentos y que todos somos maestros en potencia. Esto tuvo un efecto intenso en mí. Esta creencia en particular transformó tanto mi buena ventura internacional que ahora sé que incluso la

persona más irritante podría estar ahí para enseñarme algo. Para creer sinceramente, debemos movernos del paradigma del "Yo" al del "Nosotros".
    Encontrará que nada lo separa de los posibles maestros. Cuando usted, el estudiante, esté listo, los maestros aparecerán. El truco está en que el maestro puede llegar a convertirse en estudiante. ¿Usted cree que cualquiera puede llegar a ser su maestro?

Hallazgos fortuitos

Una ex alumna mía me llamó y me preguntó si podía ayudar a su hermano, Michael Heraghty, quien estaba escribiendo su primera publicación. Unos días más tarde nos encontramos. Al cabo de nuestra reunión me preguntó cómo podía agradecerme por mi tiempo y mis ideas. Me dijo que era diseñador web y que se sentiría muy feliz de devolverme el favor. Hasta ese momento, pocos se habían atrevido a "surfear" en mi humilde página web, así que su oferta no me inspiró mucha confianza. Él insistió, y finalmente accedí. Demostró que él no era un diseñador cualquiera.
    Michael había trabajado en proyectos cibernéticos notables, entre ellos Warner Music y una de las primeras revistas online de Irlanda, *The Buzz*. Dirigió un equipo de diseño de uno de los primeros bancos online de Europa, IF.com. Michael diseñó para mí, sin costo alguno, un sitio web que se ha mantenido en la primera página de motores de búsqueda mediante el uso de varias frases claves. Esto resultó en un drástico crecimiento de la cantidad de entrevistas y conferencias en todo el mundo. Entonces, ¿quién era el alumno y quién era el maestro? El alumno se había convertido en maestro.
    Las empresas realmente deberían adoptar esta filosofía, y empezar a utilizarla con sus empleados y clientes.

Iza Login, de Outfit7, ilustra su efectividad: "Cuando en el último marzo empezamos a trabajar con Disney en nuestro primer video musical, ellos nos mandaron la primera canción y a Samo y a mí nos gustó. Así que se la enviamos a todos nuestros empleados para que nos dieran su opinión. La respuesta no fue para nada positiva. Entonces, uno de nuestros nuevos empleados escribió un mail a Samo expresándole cuán sorprendido estaba de que nuestros probadores y desarrolladores se hubieran atrevido a dar opiniones negativas. Basándonos en las respuestas, escribimos a Disney para cambiar la canción, y el producto final fue el cuarto video más visto en YouTube en 2012. Escuchar vale la pena".

Véndales su propio producto

A menudo me piden que explique a grandes rasgos cuáles son las estrategias que se encuentran detrás de los mayores récords de ventas. Una de ellas es venderle al cliente su propio producto. ¿Su propio producto? Sí. En la mayor parte de las compañías en las que trabajé, tanto en forma directa como de asesor, uno de los primeros pasos fue conversar con una muestra representativa de clientes.

Parte del informe de investigación incluía buscar mejoras probables. Cuando era posible, investigaba luego cuáles de las opiniones de los clientes eran viables. Entonces volvía al grupo objetivo y les vendía nuestro producto modificado según sus propuestas. Las posibilidades de que un cliente rechazara su propio producto eran menores que cuando se lo presentábamos como nuestro producto.

Al escuchar a sus clientes, Peldi, de Balsamiq, desató el potencial de su negocio. Él afirma: "Definitivamente estoy aprendiendo muchísimas cosas de la Universidad del Cliente, del Compañero de Trabajo y de la Comunidad. Al principio nuestra idea era vender la maqueta como un plug-in de convergencia. No teníamos ninguna intención de vender una aplicación. La razón era que yo era el único en el proyecto, y sabía que no podría mantener el nivel óptimo de servicio necesario para su desarrollo. Sin embargo, mis clientes lo pedían a gritos. Tuve que repensarlo. Hoy, el 80 % de nuestra actividad se dedica a las aplicaciones".

Con frecuencia el ascenso impetuoso de Balsamiq se considera un éxito repentino, pero luego se conoce la otra parte de la historia sobre su logro.

Peldi obtuvo su primer libro de informática, *How to Learn Basic* (*Cómo aprender BASIC*), cuando tenía unos doce años de edad y consideró que toda su vida sería un estudiante. "Mi objetivo más importante era aprender. Me había preparado para el fracaso porque sabía que era una opción. Había ahorrado la paga de un año entero, así que sabía que lo peor que podía pasar era que aprendiera mucho, cualquiera fuera el resultado. Este objetivo fue la base del éxito de la actividad."

Estatus de xperto

Comprometerse a un aprendizaje constante es primordial para el desarrollo de una actividad xcepcional. Desde el primer momento debemos intentar llegar a ser expertos en nuestro campo. Investigaciones hechas por Richard Boyatzis, en la Universidad de Case Western Reserve, destacan la importancia del aprendizaje en los negocios. Boyatzis descubrió que las dos habilidades relacionadas con la generación de ingresos y su rentabilidad son el "aprendizaje de los valores" y la "adquisición de herramientas". El estudio incluía como muestra a alrededor de 1.300 socios de una consultora financiera, de los cuales se identificó a 32 socios excepcionales según sus subordinados, pares y jefes.

K. Anders Ericsson, de la Universidad de Florida, asevera en su ensayo *The Making of an Expert* (*La creación de un experto*) que le llevó diez años, o diez mil horas, llegar a ser experto en una determinada materia. Argumenta que los expertos no nacen, sino que se hacen y que, con lo que él considera una práctica deliberada, cualquiera puede desarrollar la condición de experto.

Guibert Englebienne, cofundador de Globant, tiene clara la estrategia que dio lugar a su éxito. "Nuestra visión se fue transformando a lo largo del camino. Aunque comenzamos aprovechando una oportunidad donde el costo era ventajoso, sabíamos que no podríamos sobrevivir a largo plazo si no nos convertíamos en un proveedor de primera categoría.

"Ahora el trabajo que hacemos no es consecuencia de dónde venimos, sino de nuestro grado de experiencia, difícil de igualar. El foco ahora está en crear una empresa ágil y maleable. Si no nos reinventáramos constantemente no estaríamos creciendo a este ritmo. Somos un grupo de gente muy segura de sí misma que se volvió aún más segura con la realización."

La estrategia de la constante reinvención solo es posible en una cultura que aprende. Ahora, gracias a la revolución digital, usted puede acceder a la última información sobre su campo a un costo mínimo o inexistente: Coursera, la Academia Khan, Lynda, conferencias TED, Udacity y Udemy, entre otros.

Ya no hace falta un presupuesto enorme para llegar a ser un experto en su campo. Con el estatus de experto viene una enorme confianza y una gran convicción de que tiene algo significativo que compartir con su público. Usted está listo para ese siguiente paso. La voluntad de aprender es importante, y la voluntad de actuar sobre lo que se ha aprendido es crucial.

CAPÍTULO 5

VERSE A SÍ MISMO

En 2007, el gabinete de asesores de la Escuela de Negocios de Stanford aseguró que la conciencia sobre sí mismo era el atributo más importante que debía desarrollar un líder. El promotor moldea y define la cultura. La conciencia de sí mismo es la base para una presencia destacada y para la creación de una cultura fortalecida. ¿Cuán consciente es usted?

Observe, luego resuelva

Un padre y su hijo sufren un trágico accidente automovilístico. El padre muere en el acto. Llevan al niño a la sala de emergencias del hospital. A su llegada, una eminencia en el área de emergencias mira al niño y exclama: "Este es mi hijo". La pregunta es: ¿quién es el doctor? ¿Necesita leer la historia de nuevo? ¿Está confundido? No se preocupe, no es la primera persona en sentirse así. La respuesta es, por supuesto, que es la madre. Y yo digo "por supuesto", pero fui parte de ese 50 % que no encontró la respuesta correcta en el primer intento.

¿Qué pasó? En alguna parte de mi subconsciente tenía registrado "doctor = masculino", incluso a pesar de que tengo muchos amigos doctores que son mujeres. Con esa firme creencia, descarté cualquier opción que no coincidiera con mi versión de la realidad. No podía ver el problema, algo bastante común en los ámbitos empresariales y en la vida misma. Hasta que no vemos y reconocemos este patrón, no podemos resolverlo.

Hay algo que tengo claro tras estos veinticinco años que llevo como asesor: habría sido un grave error buscar solo las opiniones de los directores ejecutivos o los dueños a la hora de evaluar las perspectivas de una empresa. En la mayor parte de los casos, su opinión era muy diferente de la que recibía de los empleados o del mercado.

Muchos estudios subrayan las brechas que existen entre las percepciones que tienen los líderes y lo que se ve en el trabajo de campo. Algunas empresas creen que están proveyendo un buen servicio, pero los clientes no están de acuerdo. Un estudio llevado a cabo por Avaya reveló que el 80 % de las compañías creía que estaba ofreciendo un servicio de calidad, con lo que solo concordaba el 8 % de sus clientes. Los líderes creen que están haciendo un buen trabajo, pero sus clientes no los están siguiendo. Los directores se alegran de que su equipo esté comprometido, pero los miembros del equipo no se sienten involucrados.

Y esto empeora. Existe una estrecha correlación entre nuestras actitudes físicas y nuestra psicología. Para saber lo que piensa una persona debemos abrir los ojos. Lo que somos en este momento es evidente para los demás. Tal vez nosotros no lo veamos, pero nuestros clientes y colegas sí lo ven. Una investigación realizada por dos profesores de psicología de Harvard, Ambady y Rosenthal, confirma que la gente puede realizar evaluaciones precisas en cuestión de segundos. Solo con ver videos sin sonido de 10, 5 y 2 segundos de un profesor en acción, varios estudiantes fueron capaces de evaluarlo de acuerdo con 15 criterios diferentes, como confianza, energía y calidez. Sus puntajes coincidieron con la evaluación que se hizo al final del semestre.

El análisis termina en cuestión de segundos, pero sus conclusiones pueden durar toda una vida. El tiempo que tenemos para causar un impacto se está reduciendo y debemos hacerlo valer. Tenemos que saber qué versión es la que proyectamos a nuestros clientes. El desafío está en verlo como un virus. La gente no está viendo las situaciones como realmente son, por eso los problemas continúan sin resolverse. ¿Cómo se elimina este virus?

Buscar dentro

Un maestro hindú muy instruido se me apareció en la ciudad sagrada de Benarés, India, para indicarme el camino. Yo estaba sentado contra mi mochila en la estación esperando que viniera el próximo tren.

Antes de que revelara su secreto sobre la vida, dos ratas se metieron detrás de mi mochila. Mis sentidos de autopreservación despertaron, pero la respuesta normal de alarma simplemente no apareció en mi sistema. En ese momento, ya había estado viajando durante seis semanas a través de ese país mágico. No pude dejar de reflexionar sobre cómo uno puede adaptarse tan fácilmente a la incomodidad después de un tiempo.

Según el folklore hindú, dijo él, los dioses estaban discutiendo dónde guardar el secreto de la vida de manera que los hombres y las mujeres no pudieran encontrarlo.

—Escondámoslo bajo una montaña —sugirió un dios.

—No —discreparon los otros—. Un día encontrarán la manera de excavar la montaña y descubrirán el secreto de la vida.

—Pongámoslo en el fondo del océano más profundo —sugirió otro dios—. Allí estará a salvo.

—No —replicaron los otros—. Algún día encontrarán la manera de viajar hasta el fondo del océano y lo encontrarán.

—Pongámoslo dentro de ellos mismos —dijo el tercero.

—¿Por qué? —preguntaron los otros.

—Porque los hombres y las mujeres jamás lo buscarán allí.

Todos estuvieron de acuerdo, y por eso se dice que el secreto de la vida está escondido dentro de nosotros. ¿Cuál es el secreto? Es descubrir ese talento especial que todos poseemos para desatar nuestro verdadero potencial. Más a corto plazo, es encontrar todos esos años de programación alojados en el subconsciente (o fuera de su mente consciente) que podrían estar reteniéndolo.

El miedo se aprende, y es necesario desaprenderlo. El primer paso es encontrar su fuente.

Para Iza y Samo Login, de Outfit7, es simple: "Si el emprendedor tiene miedo", sugieren "él o ella deben alejarse, reflexionar acerca de su miedo y encontrar los bloqueos y las creencias negativas subconscientes que se encuentran detrás de él. Al identificarlas, es posible enfrentarlas y seguir adelante".

El subconsciente es un depósito de nuestras actitudes y creencias acerca de la vida, nuestras metáforas sobre la vida, tanto positivas como negativas, y actúa de manera similar a la de una computadora. Como con cualquier computadora, si continuamos cargándole basura, lo único que podemos esperar obtener de ella es, ciertamente, basura. Necesitamos asegurarnos de tener el mejor antivirus para evitar ser hackeados. Si usted diariamente consume melancolía y fatalidad, y esto es lo que está ofreciendo, es difícil pensar que el resultado de este programa sea un emprendedor positivo y optimista.

Seguridad enfermiza

A mucha gente le "lavan el cerebro" desde muy corta edad para que se centren en la estabilidad y en la jubilación. En otras palabras: casarse, sentar cabeza, tener 2,1 hijos y vivir feliz para siempre. Promueven el camino seguro en vez de la riesgosa vida del emprendedor. Promueven el pensamiento "seguro". O, en mi opinión, la "seguridad enfermiza".

Me crié en un ambiente muy emprendedor y mis padres, con amor, me aconsejaron que fuera por el camino más seguro. Yo me desvié y me di cuenta de que para mí la única opción era el "hoy estoy, hoy me he ido: vive la vida ahora". Por ser consciente, pude elegir un camino diferente. Para poder desenterrar esos patrones, el emprendedor debe, como mínimo, sentarse a pensar cuáles son las personas más influyentes en su vida y qué ha tomado de ellas.

Esto no es un juego para echar culpas, sino un ejercicio de identificación de patrones. Además, sería útil reflexionar sobre los acontecimientos más importantes de nuestras vidas y ver cómo nos han afectado. Fue apasionante entrevistar a los Xcepcionalistas y encontrar una mezcla de influencia parental positiva y de disfunción a la hora de influenciarlos hasta llegar a ser las personas de negocios que eran en ese momento.

Una de las herramientas que pueden ayudar a desenterrar nuestras verdades subconscientes es aprender cómo calmar la mente. La habilidad de apaciguar nuestras mentes hiperactivas y ruidosas puede ayudarnos a hallar y eliminar los virus, y a aumentar nuestra creatividad, claridad y capacidad de tomar decisiones.

Cuando estudié con los quechuas en Perú, en 1996, tuve mi primera lección sobre no hacer nada. El viaje me abrió los ojos, por decirlo moderadamente. Allí, en el mundo subdesarrollado, aprendí muchas ideas desarrolladas. Los nativos decían que los occidentales vivimos del lado izquierdo: siempre estamos ocupados y nunca tenemos tiempo. Por el contrario, ellos tienen tiempo infinito en el lado derecho. Disfrutan de no hacer nada. A nosotros, el tiempo se nos va, pero ellos van a través del tiempo.

Me dijeron que buscara un lugar donde sentarme en silencio durante dos horas. Recuerdo cómo me encontraba allí, muy arriba en los Andes y rodeado del paisaje más increíble, preocupado por mi inactividad. Mi mente no se detenía. "¿Cuándo va a pasar algo?", me preguntaba. "No crucé todo el mundo para no aprender nada. No tengo tiempo para esto. ¿Qué sentido tiene no hacer nada? ¿Qué estoy aprendiendo?"

Cuanto más me tranquilizaba físicamente, más ruidosa se ponía mi mente. "¿Acaso es esta nada la catalizadora de la locura?", cavilaba. El ruido interno había estado siempre allí, la única diferencia era que ahora podía escucharlo.

La consigna de mi maestro era simple y clara. Escucha y reconoce el ruido, y luego vuelve a enfocar. Una vez que cada pensamiento fue reconocido, pude concentrarme de nuevo en el hermoso paisaje. Reconocer y volver a enfocar. Después de un tiempo, la brecha entre un pensamiento y otro empezó a ampliarse, y poco a poco el ruido comenzó a disminuir.

En el tiempo que pasé allí, me tomé muchos ratos para retirarme y quedarme acunado por los imponentes Andes. Al principio el ejercicio era un desafío. Después de un tiempo, fue un bálsamo para una mente desarmonizada. Ahora, cada vez que me siento estresado, falto de energía, que no puedo escribir, o confundido sobre una decisión que debo tomar me siento frente al mar y me concentro en el movimiento o el sonido de las olas. Muchos pensamientos aparecen en mi cabeza, pero, luego de reconocerlos, mi foco vuelve a las olas. Tras pocos minutos, los nudos comienzan a deshacerse.

"El océano desenrosca la mente enroscada" (anónimo)

Yo no fui el primero en descubrir el poder de desconectarse. Los Xcepcionalistas se han estado ocupando de eso hace ya bastante tiempo.

Patrick McKeown, director ejecutivo de Asthma Care, dice que se hubiera vuelto loco de no haber aprendido cómo calmar su diálogo interno. "Pasé por muchos momentos de dudas en los primeros tiempos. Muchas veces aparecían en mi cabeza preguntas como '¿Estoy loco por estar haciendo esto?' o '¿Qué pasa si no tengo éxito?'. Por suerte, pude aliviarme con la misma terapia que estaba enseñando. Al concentrarme en mi respiración, podía desconectar mi mente hiperactiva y, luego de algunos minutos, podía volver a enfocarme en la tarea que debía realizar. De no haber aprendido este ejercicio, no podría haber llevado mi negocio y sería un desastre. Así que, sencillamente, en varias ocasiones durante el día, y sin importar si mi día estaba siendo fantástico o decepcionante, me tomaba algunos minutos frente al escritorio y me enfocaba en el fluir de mi respiración. Reconocía cualquier pensamiento suelto, positivo o negativo, y luego volvía a concentrarme en mi respiración. Esto redujo mi tránsito mental y me permitió ver las cosas de manera más clara y ser creativo."

Agnes McCourt, de Unislim, dice: "Mi rutina diaria incluye una meditación matutina de 15 minutos para desconectarme. Después de eso, por lo general hago un poco de ejercicio antes de bajar a desayunar. El golf, nadar y los crucigramas me ayudan a apaciguar y aclarar mi mente, lo cual es una parte esencial de mi vida que me ayuda a tomar mejores decisiones y a agudizar mi sexto sentido, la intuición, que es un consejero importante".

Devon Brooks, de Blo Blow Dry Bar, repite lo mismo: "Para mí, el exterior es mi escape. La naturaleza me salva, la naturaleza me nutre, me mantiene cuerda. Todos los días me tomo un rato y me doy el gusto de disfrutar de la naturaleza. Mi prometido y yo 'consultamos con los árboles' toda decisión importante en nuestras vidas. Una cosa de la que me di cuenta es que no importa qué busque en el futuro, tener tiempo para disfrutar de la naturaleza será siempre no solo una parte innegociable de la rutina, sino una parte del plan maestro".

Los académicos también están de acuerdo. Jon Kabat-Zinn y el neurocientífico Richard Davidson, de la Universidad de Wisconsin, descubrieron que, tras ocho semanas de reducción del estrés mediante la concientización, un grupo de empleados biotécnicos mostraron un gran aumento de la actividad en la corteza prefrontal izquierda, la parte del cerebro asociada con un estado mental de mayor felicidad, optimismo y resiliencia. La felicidad está relacionada con el aumento de la productividad, la presencia más efectiva, la generación de ideas y muchas cosas más.

No es necesario estar en silencio absoluto para permitir que los pensamientos e ideas aparezcan. El leve bullicio de un café puede hacer que los pensamientos fluyan, también. Así es, esas personas que llenan los cafés de todo el mundo no siempre son trabajadores no productivos. Lo sé porque gran parte de este libro fue escrita en mi café más cercano.

Investigadores de la Universidad de Columbia Británica pidieron a más de trescientos participantes que trabajaran en tareas creativas en ambientes en un silencio casi absoluto, en otros con ruido moderado (70 decibeles, o lo que podría esperarse que hay en un café), y en ambientes muy ruidosos. Los resultados que se publicaron en el *Journal of Consumer Research* (*Diario de Investigación sobre el Consumidor*) mostraron que tanto el ruido moderado (70 dB) como el silencio casi absoluto (50 dB) mejoran el flujo de la creatividad, mientras que un nivel alto (85 dB) lo perjudica. De hecho, ni siquiera es necesario ir a un café; puede recrearse esa experiencia online.

Con una mente calmada viene la autoconcientización, permite desenterrar patrones que nos limitan y luego decidir quitarles poder. Con práctica, y profundizando cada vez más, podemos reemplazar las creencias limitantes por patrones más fortalecedores.

CAPÍTULO 6

LA RENTABILIDAD DE LAS INTUICIONES

¿Le ha sucedido alguna vez que al conocer a alguien, tal vez un proveedor o un posible socio de negocios, su reacción inmediata haya sido negativa? ¿Tal vez alguna sensación sobre cierto proyecto? Tuvo un mal presentimiento, pero, a su propio riesgo, desestimó esa información.

No está solo en eso. Basándome en reacciones de públicos de todo el mundo, puedo afirmar que mucha gente no está usando la herramienta más poderosa de su arsenal para los negocios: su instinto.

Durante toda mi vida, mi foco y mi guía ha sido mi intuición. Un saber sin conocimiento, una sensación y un instinto, impulsos guía a los que presté atención y me iluminaron en la oscuridad.

A principios de 1996, mi intuición alentaba un sueño ambicioso: escribir un libro sobre la excelencia personal que fuera un éxito en ventas. Era ambicioso, pero me parecía lo correcto, así que me atreví a soñarlo. Para empezar el proceso, imprimí hojas A4 con las frases: "Soy un autor de *best sellers*" y "Manuscrito terminado el 28 de mayo" y las puse por todos lados en mi oficina y del lado de adentro de la puerta. La idea era impregnar mi subconsciente con una realidad deseada; en otras palabras: no tener escapatoria del sueño.

Mis amigos y compañeros de trabajo me señalaron los obstáculos obvios en el camino que tenía por delante. Lengua y literatura nunca fueron las materias en las que mejor me desempeñara. En mi examen final de la escuela, obtuve un "regular". En la secundaria, fui coherente y también obtuve un "regular". Escribir y hablar son dos disciplinas muy distintas, y no tenía ninguna experiencia en escribir. Tal vez usted se pregunte por qué elegí el 28 de mayo. ¡Simplemente me pareció bien!

El mercado de la autoayuda estaba dominado por famosos escritores estadounidenses, así que yo estaba siendo muy optimista al pensar que podía romper su monopolio. De hecho, tres confidentes de negocios muy cercanos me dijeron al unísono que yo no tenía la menor posibilidad de escribir un libro que fuese éxito en ventas. También existía la opinión de que era demasiado joven para ser tomado en serio. Ni siquiera discutimos cómo iba a encontrar una editorial que publicase mi libro o que motivase a la gente a comprarlo.

Sería correcto decir que la opinión general estaba en contra de mi aventura, pero, con el corazón lleno de confianza, luché contra ese considerable mar de opiniones para respetar mis deseos internos. George Bernard Shaw era mi inspiración: "Tú ves cosas y te preguntas '¿por qué?'; yo sueño cosas que no son y digo, '¿por qué no?'".

Mi foco seguía siendo el sueño, creía que el mapa aparecería con el tiempo. A las pocas semanas, una vecina con quien en el pasado había tenido un trato cordial golpeó mi puerta. Había escuchado que yo estaba escribiendo un libro y se preguntaba si podría ayudarme. Me enteré de que Margaret era maestra de Lengua jubilada y poetisa. En vistas de mi errático pasado académico, era justo la persona que yo necesitaba tener en mi equipo. Mi mente de estudiante me decía que ella podía ser mi maestra.

Unas semanas más tarde, me invitaron a dar el discurso de apertura en la Conferencia Nacional de la Red de Mujeres de Negocios. Después de eso, la presidente de la organización se comprometió a publicar mi libro. Luego, apareció más gente para contribuir al contenido central del libro hasta que, el 28 de mayo, el manuscrito estaba terminado. De hecho, hice mi última revisión el 27 de mayo.

Seguí concentrándome en mi sueño para transformarlo en una realidad. Llamaba a todas las librerías de las ciudades que visitaba para promocionarme y firmar libros. Empezó a haber publicidad en todas las regiones a las que apuntaba. *How? When You Don't Know How (¿Cómo? Cuando no sabes cómo)* se convirtió en un éxito en ventas y yo estaba fuera de mí de felicidad.

La suma de la intuición con la realización da como resultado un poderoso cóctel. Muchos emprendedores comparten mi opinión de que a fin de cuentas puede tener un gran efecto. Ciertamente, puede esperarse rentabilidad basándose en la intuición.

Ben Milne, de Dwolla, dice: "Hubo muchas veces en que no fui en contra de los argumentos lógicos que tenía frente a mí, a pesar de que no me sentía cómodo con ellos. Esas cosas volvieron más adelante para patearme el trasero. Sé que eso de la primera impresión es un poco como un cliché, pero si un trato o una persona no te inspiran confianza, confía en tu instinto. Si no lo haces, con el tiempo aumenta. Pensarlo en exceso e intentar justificarlo solo lo empeora".

Tim Clark, de Business Model You, agrega: "Debes confiar en tu instinto. El desafío es que, con las herramientas analíticas a su disposición, la gente confía cada vez menos en su instinto. En mi caso, muchas de mis decisiones más importantes se basaron en mi instinto. Cuando decidí mudarme a Japón, muchos decían que no sabía lo que hacía. Yo, en un nivel más profundo, estaba completamente seguro de mi decisión. Me parecía la opción correcta. Mientras estuve allí, empecé una compañía de Internet japonesa, que fue el resultado de un conocimiento intuitivo con conocimiento.

Esa compañía fue vendida en China.com en una operación multimillonaria. Cuando Alex Osterwalder estaba haciendo el *Business Generation Model* (*Modelo de generación de negocios*), yo fui la vigésima persona en anotarse para ayudarlo en el proyecto. Al principio, anunciaron que buscaban un editor. Inmediatamente me ofrecí e indiqué que era la persona idónea para el trabajo y que estaba dispuesto a hacerlo gratis. No sabía, a nivel lógico, a dónde me llevaría eso, pero mi instinto sí lo sabía. Terminó por ser uno de los momentos más importantes de mi carrera".

La intuición es la herramienta del emprendedor que en todo momento da dirección y claridad si se la escucha. Las investigaciones psicológicas están haciendo énfasis en su importancia.

Incluso en 1994, una encuesta realizada por Jagdish Parikh, un estudiante de la Escuela de Negocios de Harvard, reveló que 1.300 empresarios de nueve países manifestaron que utilizaban tanto sus habilidades intuitivas como las analíticas, pero que atribuían el 80 % de su éxito a la intuición.

Una encuesta mundial más reciente de 368 negocios emergentes, llevada a cabo por Geckoboard y Econsultancy en febrero de 2013, también destacó que la intuición sigue siendo muy valorada, ya que apenas el 27 % dijo creer que la información era imprescindible a la hora de tomar decisiones.

CAPÍTULO 7

DESCIFRAR EL CÓDIGO

341005003056555641289

Su desafío, si lo acepta, es descifrar el código que aparece arriba. Si lo logra, estará en el camino hacia el descubrimiento del secreto de la lealtad y el compromiso. ¿Alguna idea? Esta cifra, una combinación de resultados de diferentes investigaciones, resume cuán difícil es transmitir un mensaje.

Estamos expuestos a 34 gigabytes de información y a 100.500 palabras por día, de acuerdo con *How much information?* (*¿Cuánta información?*), el comunicado de 2009 sobre Consumidores Estadounidenses realizado por el Centro Industrial Global de Información de la Universidad de California, San Diego. Según el trabajo *Interruption* (*Interrupción*), de Gloria Mark, profesora del Departamento de Informática de la Universidad de California en Irvine, somos interrumpidos en nuestras tareas en un promedio de una vez cada tres minutos y cinco segundos.

El déficit de atención ya no es el supuesto dominio de la Generación Y, que fue criada sobre la base de una dieta de medios de comunicación social y nuevas tecnologías. Una reciente investigación, llevada a cabo por IBM, reveló que el 65 % de las personas de entre 55 y 64 años de edad navega por Internet, envía mensajes de texto y mira televisión simultáneamente.

En 2012, el período de concentración promedio era de 8 segundos, un descenso considerable con respecto al promedio del año 2000, que era de 12 segundos, según estadísticas publicadas por la Associated Press, que lo comparó con el promedio de un carpín dorado, que es de 9 segundos. En un mundo conectado las 24 horas del día, los 7 días de la semana, sumergido en publicidades y medios de comunicación social, teléfonos inteligentes con sus búsquedas de direcciones de Internet y mensajes de texto, la distracción es la nueva norma.

La presentación ha reemplazado a la conversación, y el monólogo triunfa sobre el diálogo. Conseguir un oído auténtico y amigable es una experiencia poco común. Allí reside la oportunidad.

Tim Clark, fundador de Business Model You, lo resume así: "¡Hay un motivo por el cual se le dice 'prestar' atención! Requiere destinar una importante cantidad de tiempo y energía. Pero nada fundamental ha cambiado. La gente sigue sorprendiéndose si realmente escuchas con atención lo que dicen y respondes a eso, en vez de esperar a que terminen para poder decir todas tus opiniones".

Los emprendedores que desarrollan una mentalidad xcepcional colman a sus clientes y compañeros de trabajo de una auténtica atención de calidad, el bien intangible más codiciado en una sociedad que tiene una atención dispersa.

Las PDA, "Personas dadoras de atención", tienen el potencial de alcanzar un estado de culto, como el que aparentemente yo alcancé con un participante muy difícil en una de mis conferencias, hace muchos años.

Diez mil millones de neuronas, pero todo el mundo es como Christy

Estaba contratado para dar un discurso de apertura para un grupo de 50 personas que trabajaban para una empresa multinacional. Antes de que me presentaran, un hombre gritó desde el fondo del grupo: "¿Cuándo termina esto?".

"No es un gran comienzo", pensé. Dado que su comentario había generado una duda en todos, empecé asegurando a la audiencia que mi aportación sería breve. Luego, me dirigí a mi impaciente amigo y le pregunté su nombre.

—Christy —me dijo.

—Christy, imagina que me estás entrevistando para un puesto de ventas. Quiero que tú y la audiencia me evalúen sin que diga una palabra. Por favor, analiza cómo entro a la habitación de la entrevista, la seguridad en mi apretón de manos y ese tipo de cosas.

Caminé hasta el fondo de la habitación y le di un fuerte apretón de manos lleno de seguridad y volví al podio.

—Bien —dije, dirigiéndome a todos en la sala—, recuerden que Christy me está entrevistando para un puesto de ventas. Su tarea, y la de ustedes, es recordar su primera impresión.

Volví a caminar hacia él, estreché su mano una vez más y regresé al podio. Después de la tercera vez, le pedí que me diera sus impresiones, que grabé mentalmente. Luego de unos minutos, dejé de dirigir mi atención hacia él y dije: "Como Christy mencionó antes…", y repetí el comentario más relevante que Christy había hecho.

A esta altura, había un gran cambio en su lenguaje corporal. Estaba sentado inclinado para adelante, con la mirada fija en mí. Había pasado de ser un gran desafío en el ambiente de aprendizaje a ser, como mínimo, neutral. ¿Qué había sucedido?

Christy había brindado una potente experiencia de aprendizaje. Había manifestado una necesidad que muchos preferirían no declarar conscientemente pero que, sin embargo, reclamarían. Christy quería atención de calidad, como cualquier cliente o compañero de trabajo. La realización debe basarse en esta comprensión para comprometerse realmente.

Yo sabía que si le daba esa atención de calidad, habría un cambio radical, de diferentes maneras, en su actitud.

Inclusión

Christy se sintió respetado al verse incluido en el ejercicio. Claramente, es más probable que se involucre si él mismo es parte del espectáculo. Hacer preguntas que incluyan a las personas en la conversación debería ser la estrategia básica de cualquiera que quiera persuadir. Hay que tener cuidado y permitir que la gente responda cuando se le pregunta algo. A menudo, al intentar saciar un voraz apetito de atención, las personas parecen estar preparadas para saltar sobre sus compañeros para poder interrumpir o exponer su aportación.

Nombre, por favor

A la mayoría de las personas les encanta escuchar su propio nombre, pero no es un recurso del que haya que abusar, en especial si no conocemos bien a la otra persona, porque podría percibirse como un truco publicitario.

El poder del tacto

El apretón de manos ayuda a establecer contacto y afinidad. Algunos estudios demuestran que tocar a alguien en el brazo por uno o dos segundos puede tener un efecto considerable en su nivel de amabilidad. En el estudio de Gueguen de 2007, los investigadores les pidieron un centavo a personas abordadas en la calle. El tacto aumentaba las chances de conseguir el dinero en un 20 %. Un estudio del Instituto del Tacto de la Universidad de Miami demostró que tocar a las personas en el hombro era suficiente para lograr que dijesen la verdad y devolviesen el dinero que habían encontrado en una cabina telefónica.

Repetición

Otra gran manera de generar afinidad es repetir lo que el otro acaba de decir, no solo para demostrar que podemos escuchar, sino también para darle importancia a las palabras.

Cuando yo, considerado el experto en esta situación, hice referencia al comentario de Christy frente a toda la audiencia, validé su opinión y lo ayudé a sentirse muy bien consigo mismo. Hace algunos años, la cantante principal de The Corrs, una banda irlandesa, describió su reacción cuando el público cantaba con ellos sus canciones como equivalente a una experiencia espiritual. En las negociaciones, creo que repetir los puntos clave tiene el mismo efecto.

Para un estudio de la Universidad de Nimega, se le pidió a una camarera que tomara los pedidos de los clientes de dos maneras: 1) escuchar y en general ser positiva y amable; 2) repetirles a los clientes el pedido que acababan de hacer. El segundo método resultó en propinas un 70 % más altas que el primero. Ahora bien, ¿qué pasaría si, en un contexto de ventas minorista, el personal de atención al cliente les repitiese a sus clientes el pedido que acaban de hacer? ¿Aumentaría las posibilidades de que hicieran un pedido más lucrativo?

El foco en el cliente

¿Qué pasa cuando un capacitador camina por una sala? Por lo general, el público lo sigue con la mirada. Cada vez que me acercaba a Christy, todo el mundo, subconscientemente, le prestaba atención, y él lo disfrutaba. La gente me dice que esto les da vergüenza, pero esa es su respuesta consciente que no coincide con su verdad subconsciente.

Somos de adentro para afuera, no de afuera para adentro. Recuerde siempre que en toda audiencia existe un Christy.

¿Cómo puede usted dar prioridad a la atención de calidad hacia sus clientes en su estrategia de realización? Hay que empezar con una estrategia de negocios nueva y esencial. Es necesario construir amistades, no solo relaciones de negocios.

La gente desea atención auténtica, genuina y total, y eso trae efectos secundarios positivos: lealtad, compromiso y una promoción boca a boca positiva.

CAPÍTULO 8

ELEGIR AMIGOS
ANTES QUE CLIENTES

¿Por qué amigos? Porque simplemente son la única estrategia sustentable disponible. Cuando le preguntamos a la gente en quién confía más para que les recomiende un producto o un servicio, la respuesta casi siempre es "alguien como yo". Los iguales suelen ser considerados más creíbles e informados que los vendedores. En la realidad de los negocios, está claro: los clientes se van, los amigos no. Incluso los clientes satisfechos se van. El cliente, en la concepción actual del término, está muerto. Si usted está tratando a los clientes como clientes, puede que su negocio se encuentre en problemas. Una vez que se convierten realmente en amigos, son suyos de por vida.

El poder de la amistad ayudó a Globant a construir su negocio de categoría mundial. Cuando se comprometieron a fundar una empresa, lo primero que hicieron fue hacer una lista de todos sus amigos y contactos. Luego, con una presentación desarrollada de ventas y un presupuesto inicial de 5.000 dólares, fueron a hablar con ellos en distintas partes del mundo y terminaron por identificar varias oportunidades.

Ben Milne, de Dwolla, pone énfasis en esto: "Los negocios más importantes se basan, sin lugar a dudas, en las relaciones. Es cierto, si alguien compra un libro o un software —una decisión de 30 segundos–, no se necesita esa afinidad, pero en las grandes decisiones, las que tienen mayores implicaciones, se trata de si te gusta la persona o no. Si no te gusta, no lo contratarás o no comprarás lo que vende".

La misma lógica se aplica a construir vínculos con los compañeros de trabajo. La amistad en el lugar de trabajo también tendrá efectos positivos al final de cuentas. La investigación de Gallup ha demostrado que las personas que tienen mejores amigos en el ámbito laboral son siete veces más propensas a comprometerse con su trabajo.

Según el cofundador Bruno Natal, en WeDemand la amistad es la piedra fundamental sobre la que se construyó la compañía. "Cuatro de los cinco cofundadores nos conocemos de la universidad, donde competíamos en el fútbol o colaborábamos en la revista literaria. Conocí al último director, Pedro, mientras hacía mi maestría en Realización de Documentales en Londres en 2007 y lo invité a unirse a nosotros. La mayoría nos conocemos desde hace 15 años. Ahora somos como un matrimonio. Todos conocemos nuestros límites, nuestras debilidades y nuestras fortalezas. Sabemos qué botones no debemos tocar y qué caminos no debemos transitar en el contexto de trabajar juntos. La relación ha cambiado porque ahora tenemos un nuevo bebé, pero nuestra amistad nos permite superar la mayoría de los obstáculos".

Curiosamente, la propuesta original de WeDemand permitía que sus clientes tuvieran la posibilidad de ver a sus bandas preferidas gratis si el show era exitoso. Después de analizar exhaustivamente a más de 6.000 clientes, descubrieron que su motivación era participar en la organización de un concierto en su ciudad, y no las recompensas monetarias que obtenían si se agotaban las entradas para el recital. En resumen, el significado era más importante que el efectivo.

Las amistades se construyen sobre la confianza. La gente disfruta de estar con gente real, y, lo más importante, confía en ellas y puede darse cuenta cuando alguien está jugando. Una cultura de confianza empieza desde lo alto. Un verdadero líder es el precursor en la creación de vínculos sostenibles. Si usted está comprometido con esto, la gente lo notará mucho más rápido de lo que puede imaginarse.

"Estamos descubriendo que las cosas son juzgadas como buenas o malas en un cuarto de segundo", dice John A. Bargh para destacar un hecho indiscutible: la mayoría de las personas se forma una imagen de cómo somos en apenas segundos. Para construir una cultura de confianza máxima, debemos proyectar una presencia digna de confianza.

Hacer de manera diferente

Para construir amistades, es necesaria una nueva filosofía de ventas. Tradicionalmente, el foco en las ventas era la mera transacción. Usted compraba, yo vendía, intercambiábamos el dinero y ese era el fin del negocio. El nuevo enfoque hace que el trabajo realmente importante comience después de haberse concretado el negocio.

Hacer las preguntas

- ¿Cuándo fue la última vez que aseguré el negocio de mi cliente?
- ¿Podría ofrecerle distintas ideas de productos para su surtido?
- ¿Podría enviarle información de mis competidores?
- ¿Cómo podría darle más por menos?

Debemos motivar a todos a ser vendedores. En África se dice que hace falta una aldea para criar a un niño. En los negocios, se necesita de todos para vender el negocio. Así, al imitar las mejores prácticas de empresas como Zappos, Dyson y muchas otras, todos los empleados deben estar íntimamente familiarizados con las estrategias de atención al cliente y/o con el proceso de producción. Todos los que entran a trabajar en Dyson hacen una aspiradora en su primer día y se la llevan a casa para ser propietarios de una de ellas. De manera similar, todos los empleados deberían saber en qué consiste su negocio y poder comunicarlo de una manera significativa.

Paranoia saludable

En el nuevo paradigma de la amistad, la paranoia es aceptable. Preocuparnos porque nuestros mejores empleados o clientes se vayan está bien, siempre y cuando pongamos en práctica una estrategia activa para prevenir cualquier posibilidad de que esa situación exista.

Debemos analizar minuciosamente cada punto de contacto entre nuestros clientes y la organización, y concentrarnos en superar las expectativas en cada oportunidad. Por ejemplo, ¿cuán rápido se atiende a una persona a partir de que ingresa a un área de recepción, o cuánto tiempo es aceptable que transcurra entre una consulta telefónica y el ofrecimiento de información y material de promoción?

Una prueba rápida: mientras lee la siguiente historia intente determinar cuál es el tipo de negocio que se describe:

"La placa dorada que está en la puerta dice 'Solo con turno'. Como la puerta está cerrada, no se puede ingresar sin turno. Debemos ser clientes o venir de parte de otro cliente para poder entrar. Cuando la puerta se abre, vemos una gran máquina de café y nuestros sentidos se agudizan con el olor de masas recién horneadas.

"El asistente nos saluda con nuestro nombre y nos lleva a una sala de espera privada en la que podemos relajarnos en unos sillones muy cómodos y disfrutar de un té en un juego de tazas de porcelana muy caras. La sala está lujosamente decorada, huele y se ve distinta de la de cualquier competidor directo. ¿Dónde estamos?

"Luego de unos minutos, alguien golpea la puerta. Es el dentista que entra a analizar nuestras necesidades. Sí, estamos visitando el consultorio del dentista Paddi Lund, en Australia. Luego de la consulta, hacemos una breve caminata por el pasillo, al final del cual hay un hermoso mural."

Este es un fantástico ejemplo de una organización que se ocupa de muchos de los puntos de contacto con el cliente. ¿Cuáles son los olores asociados con la mayoría de los consultorios de dentistas? Ciertamente, no los de café y panadería. Lo más probable es que sea el de los antisépticos que elevan aún más el nivel de cortisol.

Paddi explica la estrategia que subyace a su xcepcional servicio: "Analicé todas las buenas experiencias que tuve en la iglesia, en centros comerciales y en restaurantes y pensé cómo podrían integrarse al ambiente que ofrezco a mis clientes.

"Si podemos cambiar la atmósfera, cambiamos el estado mental del cliente y controlamos la experiencia. En cierto modo es como llevar a alguien al teatro. Si puedo abrir la mente de mis clientes a un punto de vista diferente, tengo mayores chances de que acepten tratamientos con los que no están familiarizados. Si puedo mostrarles a mis clientes que estoy pendiente de todos los detalles en cuanto a la hospitalidad, es más probable que crean que estaré igualmente preocupado por su comodidad durante el tratamiento. Y si puedo ayudar a que mis clientes se relajen, la odontología clínica es más fácil para los dos".

Siempre se puede mejorar. Debemos concentrarnos en dar un poco más. Como la toalla caliente que me dieron en el hotel Jumeriah en Central Park cuando llegué luego de un largo vuelo transatlántico, o que una celebridad local recibiera de un empleado una porción de su torta de limón preferida por su cumpleaños mientras salía del edificio Lane Crawford, en Hong Kong. Lo importante es que esos pequeños extras pueden hacer una gran diferencia.

Celebrar los reclamos

Un punto de contacto clave que suele ser complicado para las empresas es la gestión de los reclamos. En vez de celebrarlos, se los evita como si fuesen la plaga. Un reclamo es una oportunidad única para fortalecer la relación con el cliente. La verdad es que la mayoría de las personas no esperan que las atiendan bien, así que cuando entrenamos a nuestro equipo para desarmar esas bombas de relojería, inmediatamente superamos las expectativas.

Celebrar la falta de quejas es como conmemorar la proximidad de la quiebra. Hay que recordar que el 96 % de las personas insatisfechas nunca manifiestan sus quejas directamente, pero de todos modos se van, según el Programa de Investigación de Asistencia Técnica de los Estados Unidos. La complacencia nos permite escuchar las quejas; la paranoia nos obliga a hacer preguntas, a buscar soluciones y a acercar al cliente a la situación de amistad.

Hace algún tiempo compré un par de zapatos. Dos días más tarde, los zapatos hacían su debut en el feliz contexto del Foro Grimaldi, en Mónaco. Justo antes de ser presentado al público, la suela de uno de los zapatos se desprendió. Como nunca me tomé demasiado en serio a mí mismo, convertí la crisis en una comedia y decidí dirigirme al público en calcetines.

Cuando regresé, volví a la tienda. Me acerqué a un miembro del personal de atención al cliente y le expliqué la situación. Después de revisar los zapatos y mi recibo, me dijo que debía hablar con el encargado. Me dejó en un extremo de una fila de compradores impacientes que crecía mientras discutía mi caso con su supervisor antes de, finalmente, devolverme mi dinero.

¿Estaba yo impresionado? No. La única manera aceptable de lidiar con la situación hubiera sido ofrecerme una sincera disculpa y darme el reembolso en el acto. Nadie necesita pasar por un interrogatorio o que lo hagan sentir culpable al exponer su situación ante los demás clientes. Perdieron la oportunidad de hacerme avanzar en el camino de cliente a amigo.

Según la investigación de Harris, parece que nuestro manejo de los reclamos por Internet es aún peor. El 42 % espera una respuesta en el día, pero solo un 22 % la recibe. Mientras tanto, el 98 % tomó acciones debido a una experiencia negativa y el 79% lo ha comentado a otros. El mensaje es claro, ya sea en Internet o fuera: si queremos desarrollar amistades, debemos mejorar nuestro manejo de los reclamos.

Si quisiéramos llevarlo un paso más adelante, podemos diseñar una gráfica de clientes con nuestro equipo que garantice la calidad de servicio que ellos puedan esperar en cada punto de contacto. Esto elimina el riesgo para el comprador y envía un mensaje muy claro al mercado: la empresa confía totalmente en su producto o servicio y en la gente que lo representa.

Contratar bien

La cultura impera y el reclutamiento es clave para mantenerla y mejorarla. La estrategia debe ser reclutar a quienes poseen la actitud correcta, no solo las habilidades requeridas. Si queremos hacernos amigos de nuestros clientes, necesitamos que nos representen personas cálidas, amistosas, auténticas y divertidas. A menudo se insiste en la necesidad de experiencia o pericia en el área seleccionada. Yo prefiero a las personas con energía y entusiasmo constantes.

Hace muchos años, contraté a alguien para el puesto de capacitador y gerente administrativo de mi propia empresa, aunque, a nivel formal, no estaba calificada. Apenas había superado los exámenes finales del colegio y su única habilidad era escribir a máquina. No obstante, en la entrevista había demostrado saber escuchar muy bien y tener disposición para aprender. Mi instinto me dijo que podía pasar de ser tipógrafa a hablar frente a la audiencia más exigente del mundo: los adolescentes. Después de sumergirse en el contenido durante unos seis meses, se le presentó su primera oportunidad. Fue un éxito inmediato.

¿Sabemos elegir al candidato correcto? Muchas compañías reclutan de acuerdo con sus valores o, al menos, a quienes creen que cuentan con capacidad de adaptación. Algunos de los Xcepcionalistas insisten en cómo su intuición jugó un rol fundamental a la hora de reclutar. En resumen, si el instinto dice que no, es el momento de buscar a otra persona.

Iza Login, de Outfit7, una entusiasta del desarrollo personal, tiene su propia manera de atraer a los candidatos deseados. "Estábamos buscando a alguien que se ocupase de nuestra tienda online. Todos los postulantes de alguna manera eran buenos, pero siempre intentamos encontrar un candidato excelente. Cuando me fui a dormir, pensé: 'Debe de haber alguien perfecto para nuestra tienda. Me gustaría conocerlo'".

"A la mañana siguiente, antes de despertar, me vino a la mente la imagen de un tipo que había trabajado para mí mientras estudiaba, 10 años atrás. Me había impresionado por su inteligencia y capacidad de gestión, aunque en ese entonces solo tenía 17 años, pero no conseguía acordarme de su nombre. Me tomó por lo menos 10 minutos recordarlo. Luego lo encontré en LinkedIn, le escribí un correo electrónico y hablé por teléfono con él ese mismo día.

"Un mes más tarde, formaba parte de nuestro equipo. Se acomodó y me contó su historia. Su trabajo anterior no le parecía un reto suficiente y con el tiempo comenzó a desesperarse. Prometió ir a la iglesia durante nueve días consecutivos para rezar y pedir ayuda para encontrar una nueva vocación. En el noveno día, recibió mi correo electrónico. Ambos manifestamos una intención positiva".

Guibert Englebienne, de Globant, continúa: "Cuando encuentres un talento único, contrátalo. Constantemente buscamos gente que nos fascine, que sepa más que nosotros sobre algo. Siempre es el momento indicado para reclutar a alguien así. Mediante nuestros sistemas de manejo de talentos, siempre estamos esforzándonos para saber cuáles son los mejores puestos para las diferentes personas".

Ben Milne, de Dwolla, agrega: "Reclutar en base a la creatividad y a la aptitud fue el consejo que me dio el ex Jefe Técnico de Best Buy, consejo que sigo hasta el día de hoy. No hay ciencia exacta en los negocios. Solo debes encontrar buenas personas y no ser un mal tipo.

"El truco es rodearse de gente fantástica en la que puedas confiar, que puedan ser tus ojos y ver cosas que de otro modo no podrías ver. Desde el conservador hasta el otro extremo, la mezcla ayuda a mejorar la toma de decisiones. ¿Qué sentido tiene contratar a personas inteligentes si no vas a escuchar lo que dicen? Sí, a veces creo que todo podría hacerse más rápido y mejor, pero también pienso que es necesario obtener lo mejor de mi gente para que, en general, nuestra toma de decisiones progrese".

CAPÍTULO 9

SUÉÑELO

¿Qué pasaría si le dijese que uno de los grandes obstáculos para que sus sueños de emprendedor se hagan realidad es esa pequeña voz interna que susurra: "no soy lo suficientemente bueno"? Rebobine su vida y encontrará pruebas convincentes de que tiene lo necesario para ser excelente. Desde la sabiduría que mostró cuando era un niño, hasta la estrategia subconsciente que utiliza al tomar decisiones importantes y el fluir de su experiencia en el área; claramente posee lo que se necesita.

Sabiduría infantil

Cada minuto que paso con nuestro hijito Conor reafirma mi creencia de que somos puro potencial y que nacemos con el gen de la realización xcepcional. Durante sus primeros cinco años de vida obtuvo muchos logros notables al seguir un programa digno de ser adoptado como modelo de referencia.

En 18 meses, dominó el difícil arte de caminar. A los cinco años hablaba fluidamente en un nuevo lenguaje y ya poseía el 80% del vocabulario necesario para comunicarse con eficacia. Todo sin la ayuda de un maestro. Nada mal. Ambas cosas las logró mediante la concentración, el aprendizaje de las críticas, la perseverancia y una energía sin límites: todos atributos deseables y necesarios para el emprendedor moderno.

En el caso de Agnes McCourt, fundadora de Unislim, como en el de muchos de los Xcepcionalistas, su perseverancia infantil la ayudó a construir su compañía. "Iba de puerta en puerta en el área local presentando nuestra idea de clases para adelgazar. No era la venta más fácil del mundo.

"En una de esas puertas la respuesta fue inmediata y contundente. La mujer casi me arranca la nariz con la potencia con que me cerró la puerta en la cara y, curiosamente, a partir de ese momento no me dirigió la palabra durante 40 años. Yo era la tercera de nueve hermanos y me criaron en una sólida ética de trabajo. Mi padre lo remarcaba a toda la familia: 'Dios le dio a su pájaro la comida, pero no el nido'".

Para Conor, como para muchos niños, una caja tiende a significar más diversión que el juguete que encierra. Una caja puede ser una nave espacial, un tobogán, una casa, un contenedor, un medio de transporte. La lista es interminable. Si tenemos en cuenta que la creatividad es un requisito previo para tener éxito en el mercado actual, todo indica que los niños poseen ese talento creativo. Y hay pruebas de ello.

En *A Study of Genius* (*Estudio sobre el genio*), publicado en 1993 en su libro *Breakpoint and Beyond* (*Punto de ruptura y más allá*), George Land y Beth Jarmin descubrieron que el 98 % de los niños de 2 a 5 años, el 32 % de los niños de 8 a 10 años y el 10 % de los niños de 13 a 15 años, de un grupo de 1.600 niños que formaron parte de la investigación, alcanzaban la categoría de genios creativos. De 200.000 adultos encuestados, solo el 2 % de los mayores de 25 años podían ser considerados genios creativos. La magia no tiene por qué desaparecer cuando dejamos la infancia.

Atracción magnética

Todos los días experimentamos momentos especiales, a veces en forma subconsciente. ¿Alguna vez ha notado que, cuando persigue un objetivo, parece que tuviera la habilidad natural de atraer el apoyo y la información necesaria para lograrlo, como por ejemplo: al comprar un automóvil, mudarse de casa o encontrar un local para su empresa? Debido a la importancia de estos procesos, se invierte en estas situaciones una cantidad significativa de tiempo y energía.

Cuando pensamos en algo durante mucho tiempo, eso pasa de nuestro consciente a nuestro subconsciente. De hecho, se crean nuevas conexiones neuronales en nuestro cerebro. Mientras más pensamos en algo, las conexiones se vuelven más fuertes y el pensamiento se arraiga más profundamente.

El subconsciente tiene un eficiente sistema de filtros que nos ayuda a ver lo que queremos ver y a atraer lo que queremos atraer. Por ejemplo, apenas decidimos cambiar de automóvil, parece que ocurre una secuencia de eventos para probar que tenemos esta habilidad magnética de atraer la información que necesitamos.

¿Alguna vez ha notado que repentinamente parece haber concesionarias de automóviles en todas partes, o que se han acercado al camino y que no puede evitar verlas al pasar? Parece que los medios tienen la primicia de sus deseos específicos, porque cada vez que mira un periódico está lleno de anuncios de automóviles. Lo mismo sucede cuando prende la televisión.

¿Qué está sucediendo? Usted se ha fijado un objetivo importante, uno por el que está dispuesto a concentrarse y a invertir tiempo y energía. El proceso que atrae maestros, circunstancias y eventos empieza a funcionar para ayudarlo a lograr el resultado deseado. Una vez que ha comprado el automóvil, empieza a notar que muchas personas manejan ese mismo modelo. No hay de qué preocuparse, ha tomado la decisión correcta.

Peldi, de Balsamiq, concuerda con esto: "Cuando tomé la decisión de dejar Adobe y encarar un emprendimiento, no había dormido nada durante las cuatro noches anteriores. Esto sucedía incluso si se tiene en cuenta que en muchos sentidos este cambio era la conclusión de un plan de un año durante el cual me preparé para despegar. El año anterior a ese parecía un asunto cósmico. Todo empezó a acomodarse para facilitar mi gran paso adelante.

"En primer lugar, el dueño del edificio donde vivía en San Francisco me dijo que el año siguiente iba a venderlo. Era una situación de 'compra el departamento por un millón de dólares o vete'. Mi madre me llamó y me dijo que iba a alquilar el departamento en el que había crecido o que me lo daría a mí si quería volver. Luego, mi jefe de Adobe renunció, y esto me dio la oportunidad de liderar un pequeño equipo durante un año, algo en lo que necesitaba experiencia y sabía que sería muy valioso en el contexto de mi sueño.

"Al terminar ese año, habría llegado a la cima de los niveles gerenciales medios. El próximo paso era seguir adelante. Mi hijo tenía dos años y sabíamos que, si todo fracasaba en Italia, podíamos volver a los Estados Unidos y encontrar un trabajo, no era un gran problema. La combinación de todo esto facilitó que me mudara de nuevo a casa y que lanzase mi nuevo negocio".

Pasión intencional

A fines de la década de los años 2000, me enfermé de un extraño virus. Casi no podía levantarme de la cama para ir al baño. Concentrarme ante el monitor de mi computadora durante más de un minuto era una tarea demasiado difícil. El único problema era que esa misma tarde tenía un compromiso telefónico con el director y el jefe de recursos humanos de una firma médica internacional. Estaba en juego una posible actividad con todos sus directores el mes siguiente en Nueva York. Cancelar la llamada no era una opción.

Quince minutos antes de la llamada, como pude, fui a la oficina, me desplomé en la silla y traté de prepararme mentalmente para la conferencia telefónica. Según lo previsto, sonó el teléfono. A partir del momento en que lo atendí la enfermedad parecía haber desaparecido. Tuvimos una conversación fantástica. Al final, el director comentó mi abundante energía y entusiasmo, y me ofreció dar el discurso de apertura.

No habían pasado treinta segundos de haber terminado la comunicación que me di cuenta que la enfermedad seguía ahí. Llamé al doctor y pedí una cita urgente. Me diagnosticaron gripe porcina. Muchos han tenido experiencias similares en las que la energía siempre aparece cuando deben hacer algo que amaban. La pasión realmente se encuentra cuando uno se lo propone.

Oportunidad xcepcional

Todos estamos programados para el éxito. La programación está ahí, solo tenemos que reactivarla. Puede ser utilizada para todas nuestras metas personales y profesionales, desde intentar desarrollar nuestro mercado local hasta intentar una presencia internacional.

A diferencia de cualquier otro momento en la historia, en la actualidad es posible contarle a todo el mundo nuestras grandes ideas a un costo mínimo. Para desarrollar nuestras ideas, podemos subcontratar muchos aspectos a precios muy competitivos. Podemos reclutar nuestro propio equipo internacional desde casa.

En mis búsquedas, me asocio con gente de todo el mundo: un director de proyecto en Australia, un editor en los Estados Unidos, diseñadores en Inglaterra y Canadá, gurús de Internet en India, imprentas en China y empresas de contratación de oradores en todas partes del mundo. La lista continúa.

No existen excusas para no soñar a lo grande. Podemos soñar el imposible de convertirnos en el Starbucks de las peluquerías o de eliminar las tarjetas de crédito de nuestros bolsillos. Podemos enfrentar una industria establecida, incluso con tan solo unos pocos miles de dólares, o crear una empresa con el objetivo de dominar el mundo sin tener la menor idea de cómo hacerlo.

La elección es nuestra. El proceso empieza con intenciones, con sueños; y el camino es el destino. La realización xcepcional nos permite disfrutar de la magia.

CAPÍTULO 10

HÁGALO

El reloj sigue avanzando. Deje de esperar ese escurridizo y mítico momento de inspiración. Deje de pensar en exceso e inclínese hacia la acción; prefiera hacerlo. Como lo dijo Ben Milne, de Dwolla: "Hazlo o no lo hagas. Si vas a hacerlo, cállate y hazlo. Cuanto más hables, más se aleja la oportunidad".

¡Es el momento, HÁGALO!

15 estrategias para la realización xcepcional

1. Firme con su nombre

Comprométase a convertirse en un experto en el área que elija, o al menos a ser competente en su trabajo actual como paso previo hacia lo soñado. Para comenzar el proceso, firme con su nombre en la línea de puntos.

....

2. No acepte ninguna exclusión

¿Le gustaría tener acceso a la mejor gente del mundo? Si es así, tome una tarjeta de visita o abra la sección de notas de su Smartphone y anote la siguiente pregunta: "¿Creo que hoy cualquier persona puede llegar a ser mi maestro?".

Repase esta pregunta todos los días durante treinta días. Después de ese tiempo, debería convertirse en un hábito. Cuanto más se abra a nuevos maestros, más probabilidades tendrá de alcanzar sus objetivos. Un simple patrón puede cambiar su suerte.

3. Active su poder subconsciente

Estamos conscientemente limitados, pero subconscientemente no tenemos límites. Un ejercicio muestra esto con mayor claridad: tome un lápiz con cada mano y dibuje un círculo con la mano izquierda y uno con la mano derecha al mismo tiempo. Ahora dibuje un círculo con la mano derecha y un cuadrado con la mano izquierda simultáneamente. Puede dibujar el cuadrado con la mano derecha y el círculo con la izquierda si quiere. ¿Cómo le fue? Es probable que la primera consigna no resulte muy complicada. ¿Por qué? Porque a su mente consciente le pedí que hiciera solo una cosa al mismo tiempo; es decir, dibujar un círculo con ambas manos. Sin embargo, para la mayoría, la segunda parte del ejercicio no es tan fácil, ya que concentrarse en dos cosas a la vez no es común. Sin embargo, subconscientemente, la multifunción es un hecho demostrado.

Pensamientos inesperados aparecen y desaparecen en nuestras cabezas sin importar cuán concentrados estemos. Estos pensamientos vienen de la mente "no-consciente". Se producen nuevas células constantemente, así que se podría decir que siempre estamos recreando nuestro cuerpo sin control consciente. La respiración funciona de la misma manera. No tenemos que detenernos en el medio de una oración y decir: "Quinientas respiraciones más, por favor".

¿Y qué pasa con el piloto automático? ¿Acaso hubo algún momento en su vida en el que viajó largas distancias y luego no recordaba haber pasado por algún pueblo o alguna ciudad del camino? No cabe la menor duda. Obviamente, estaba en piloto automático. Parece que también tenemos un mecanismo protector en nuestra maquinaria subconsciente.

El poder de procesar: su subconsciente cuenta con una maquinaria procesadora muy poderosa. Puede realizar tareas sin estar concentrado y su subconsciente trabajará silenciosamente en un segundo plano para ejecutarlas.

En un experimento, Stephen Smith, de la Universidad de Texas A&M, mostró a unos voluntarios imágenes y acertijos de palabras que sugerían frases comunes y les pidió que resolvieran tantos como pudiesen. Por ejemplo, "Tú solo yo". La respuesta sería: "Solo entre tú y yo". Si no podían resolver el acertijo, se los mandaba a que se relajaran 15 minutos y volvieran a intentarlo después. Sorprendentemente, consiguieron resolver un tercio más de problemas en el segundo intento, porque mientras se relajaban, sus subconscientes continuaban buscando la solución.

4. Identifique sus creencias fundamentales

- La vida es ....
- Yo soy ....
- Lo que más quiero es ....
- El fracaso es ....

¿Cuáles fueron sus primeras reacciones? No hay respuestas correctas o incorrectas, pero aquí menciono algunas más o menos fortalecedoras. "La vida es perra" fue la respuesta de uno de los participantes de mi curso hace unos años.

A él lo sorprendió, pero a mí no. Desde un principio su actitud física gritaba disconformidad, molestia y mucho más.

A pesar de que en público se refería a la vida en forma positiva, sus metáforas subyacentes eran negativas. Para él, este descubrimiento fue el principio de un importante viaje personal. Empezó por ver el patrón, y ahora podía avanzar hacia la solución. Una respuesta más fortalecedora sería: "La vida es un camino de magia y aventuras". ¿Es esa su respuesta?

5. Analice sus acciones

James Joyce dijo: "Las acciones de los hombres son los mejores intérpretes de sus pensamientos". Revise las acciones de su vida para tener un verdadero análisis de su forma de pensar. Esto lo ayudará a identificar su proceso de pensamiento actual.

- ¿Está, por lo menos, haciendo algo práctico para desarrollar la idea de su negocio, o todavía solo habla de ello?
- ¿Está atrayendo a gente positiva que pueda ayudarlo y contribuir a llegar a su objetivo o a personas fatalistas que lo están reteniendo?
- ¿Qué lenguaje utiliza? ¿Se ha dado cuenta de que usa palabras de menosprecio hacia sí mismo, como "debería", "no puedo", "podría", "pero", "nunca", "problema", o palabras que lo estimulan, como "voy a", "puedo", "siempre" o "desafío"?
- ¿Cuán importantes son las creencias y las ideas de las personas que trabajan con usted? ¿Está siendo deshonesto o está creando estructuras que brinden a sus empleados la oportunidad de capacitarse y evolucionar; un lugar donde puedan expresar sus opiniones e ideas y recibir una evaluación constructiva de su desempeño?

- ¿Tiene la suficiente confianza en su producto o servicio como para enviar clientes a sus competidores? Si este pensamiento le da miedo, necesita repensar las cosas.

6. Sea el guardián de su mente

La mente trabaja de manera similar a una computadora personal: entra basura, sale basura. Si quiere mantenerse motivado y ser capaz de enfrentar y vencer cualquier duda que tenga, es necesario que se convierta en el guardián de su mente. Vigile cualquier cosa que se presente a la entrada de su software personal. Millones de pensamientos pasan volando por su cabeza diariamente; por lo general, el 90 % de ellos ya los tuvo el día anterior. Necesita asegurarse de que la mayoría de estos sean positivos y fortalecedores.

7. Tenga en cuenta la realización intuitiva

La intuición es, potencialmente, su mejor aplicación para los negocios. Es gratis y se anticipa a los hechos. ¿Necesita reflexionar sobre cómo aparece? ¿Se manifiesta como una voz interna, una visión o un sentimiento? La consciencia es primordial. Cuando sepa cómo se manifiesta, tendrá más confianza para llevar a cabo sus indicaciones. La intuición trabaja como un músculo: cuanto más se utiliza, más se fortalece.

8. Aspire a una vida zen

¿Y si los árboles no le impidiesen ver el bosque? Para tomar mejores decisiones, necesita calmar su mente y vivir en el ahora. Siéntese con la espalda derecha, hombros relajados y el mentón un poco metido para adentro. Asegúrese de que sus rodillas estén por debajo de las caderas, y deje que sus manos descansen sobre sus muslos. Cierre los ojos. Concéntrese en el fluir de su respiración. Escúchese inhalar y exhalar. Su mente consciente tratará de llenar el silencio con parloteo. A la llegada de cada pensamiento, repita: "Bien-venido. Bien-ido" mientras sigue el ritmo de su respiración. Las brechas entre los pensamientos se volverán más largas. Relajarse y adentrarse en el espacio interno de quietud mejora la productividad, la resolución de problemas, la claridad, la creatividad y la intuición. Todo eso sin hacer nada.

9. Conozca sus valores

Es en los momentos límite cuando realmente encontramos nuestros valores. ¿Qué ama hacer? Cuando tuvo una óptima experiencia positiva, ¿qué valores estaba satisfaciendo? ¿Y qué pasa con las experiencias negativas más críticas? ¿Qué valores estaba violando? Ahora imagine que tiene un negocio que cumple con los valores clave de su personal y de sus clientes. ¿Cómo se ve? Cree una declaración de valores para su organización, un mapa a seguir para el futuro reclutamiento. Viva según los valores de su compañía y transmita el mensaje para cultivar esa cultura.

10. Elija el cambio, no la locura

Entonces, ya ha identificado el problema y ha entendido que tiene el poder de cambiarlo. El próximo paso es asegurarse de que el patrón debilitante se detenga. De hecho, puede elegir qué hacer. Puede optar por repetir el patrón y terminar en lo que se conoce como círculo de la locura, hacer lo mismo una y otra vez esperando un resultado diferente; o puede decidirse y comprometerse a hacer un cambio, y elegir un patrón más fortalecedor. Los patrones trabajan de manera similar a la de un músculo: cuanto más se usan, más se fortalecen. Cuanta más atención le preste a un pensamiento, o cuanto más repita un patrón, más fuertes se vuelven las conexiones en el sistema nervioso. La próxima vez que se encuentre frente a un desafío, no reaccione sin pensar: elija hacer algo distinto.

11. Aprovechar el momento

Aquí hay algunas pautas con respecto al manejo efectivo de las quejas para lograr que sus clientes lleguen a ser sus amigos.

Si la queja llega al nivel en que el empleado debe buscar consejo de su superior, la clave es la comunicación. El cliente debe mantenerse informado y se le debe decir cuándo tendrá una solución al problema. La realización xcepcional de la resolución prometida realmente permite comenzar a construir puentes.

¡HÁGALO! Acepte la responsabilidad sobre las quejas que no parecen ser razonables.

¡HÁGALO! Fortalezca desde el principio. Ritz-Carlton autoriza a sus empleados a manejar cualquier problema en su origen y a implementar o crear cualquier solución que complazca al cliente cuyo valor no supere los 2.000 dólares.

¡HÁGALO! Comuníquese, comuníquese, comuníquese.

¡HÁGALO! Tome cartas en el asunto.

12. Organice sesiones de presentación de ideas

Las ideas son vitales para cualquier negocio que trate de destacarse en el mercado. Hay gran cantidad de ideas al alcance de la mano, dentro de sus círculos, a un costo mínimo o nulo.

Pruebe con una sesión "alquila una audiencia" para generar nuevas ideas. Invite a un pequeño grupo de personas de distintos ambientes para que todos aporten sus ideas. Las reglas son simples: cada idea y opinión se anotan y se respetan sin importar cuán ridículas parezcan. Esto permite el libre flujo y la asociación potencial. El siguiente paso es cultivar y revisar estas ideas, para luego volver e informar a los que las brindaron sobre cuál es la acción siguiente.

Una opción alternativa es hacerlo por Internet. Hay quienes afirman que las tormentas de ideas virtuales son mejores, ya que en las comunes la gente más extrovertida toma todo el tiempo y muchas ideas terminan por no ser descubiertas.

13. Maneje esos momentos

Tome un pedazo de papel y subraye todos los puntos de contacto entre su negocio y el cliente. Sea analítico. Por ejemplo, ¿cuánto tiempo toma atender el teléfono o leer las preguntas sobre ventas recibidas por correo electrónico? Asigne estándares para cada una de las interacciones. Utilice los existentes o tome como punto de referencia la mejor práctica. Luego trate de superarlos diariamente. Considere ir un paso más allá para garantizar niveles de servicio en cada punto de contacto. Esto podría brindarle una ventaja competitiva en el mercado. Las garantías hacen que los clientes decidan comprar lo que usted vende.

14. El arte de las ventas

- Las ventas siguen siendo vitales para la mayor parte de las organizaciones. Internamente, vendemos ideas, y externamente, vendemos productos y servicios.
- Debemos llegar más temprano o a tiempo a menos que queramos mostrarnos irrespetuosos con el cliente.
- Recuerde que la presentación no es sobre nosotros, sino sobre el cliente. Debemos darle la oportunidad de brillar. Concéntrese absolutamente en cada una de sus palabras. Interrumpa solo cuando sea el momento correcto.
- Si usted es gracioso, un poco de humor puede llevarle muy lejos en la construcción de relaciones. Si no lo es, por favor no lo intente.
- Si en los primeros dos minutos no parecen interesados, sea respetuoso y váyase. Puede ser que solo estén distraídos, pero decir cosas como "Veo que están ocupados ahora, ¿quieren que vuelva en otro momento?" mostrará que usted es profesional y hará que se vuelvan a interesar. Hablar con alguien que no está escuchando no es una buena estrategia.
- Si al cliente le gusta hablar, déjelo hablar. Cuando se sienten bien es más probable que compren. Esto puede constituir un desafío para el vendedor charlatán. Estamos trabajando en una sociedad con déficit de atención, así que dar atención es una gran herramienta para demostrar entendimiento. Interrumpa con preguntas, incluya en ellas puntos clave para la venta y deje que el cliente siga hablando.
- Manténgase siempre atento a la actitud física del cliente. Le dirá todo lo que necesita saber y lo guiará hacia una venta perfecta.

- No vaya con una presentación estandarizada. Vaya con personalidad y dos oídos. Diseñe su presentación según las necesidades únicas del cliente.
- Use varios métodos. A algunas personas les gusta escuchar, a otras les gusta ver cosas, y a otras les gusta meter mano en el producto. La gente tiende a elegir uno antes que otros.
- No existen estrategias de cierre. Esta es la conclusión de un buen estratega de las ventas.
- Sea auténtico. Solo acérquese en situaciones en las que realmente pueda aportar algo. A largo plazo, no podrá llegar a ser amigo de clientes que acaba de engañar.
- Sea apasionado y energético al hablar del producto o servicio. Si como dueño de un negocio emergente o PYME no es entusiasta… bueno, ya sabe usted cómo termina esta oración.

15. Postergue su visión

Escenario número 1. El dueño era un visionario y veía el futuro muy claramente, incluso hasta en los más pequeños detalles, como un plan de negocios fuerte, la clase de empleados que quería tomar, la audiencia a la que apuntaba y el perfil de los clientes.

Escenario número 2. El dueño trajo mucho entusiasmo y todos sus deseos de ejecutar y aprender haciendo al crear la compañía. No tenía ni idea de hacia dónde estaba yendo, no tenía ningún plan de negocios y ninguna idea exacta de por dónde empezar; tal vez ni siquiera una inexacta.

Si cree que el escenario número 1 es el perfil más realista de emprendedores que crearon negocios sustentables y destacados, está equivocado, salvo algunas excepciones. La realidad es contraria a la versión hollywoodense que afirma que todos tenemos un sueño y una visión convincente con que empezar. Reemplace la palabra "visionario" por la palabra "aficionado" y tendrá una visión más realista de las cosas.

Comience con bosquejos básicos del negocio y la vida que desea. Puede parecer borroso al principio. ¿Cómo se ve? Imagine su estilo de vida y su negocio dentro de cinco meses, dentro de tres años y dentro de cinco años. ¿Quién formará parte de su equipo? ¿Qué clase de cultura creará? Esté abierto a la inspiración repentina para el camino, pero no se quede esperándola. No necesita saber "cómo" al principio, solo necesita actuar. No analice en exceso. Demasiado conocimiento puede ser peligroso. Cuando se actúa, la magia aparece. Permita que su visión se adapte y crezca con el tiempo. Incluya a todos en el proyecto. Siga los valores de la realización xcepcional y vaya hacia donde lo lleve. Realización xcepcional = oportunidad.

CAPÍTULO 11

LOS XCEPCIONALISTAS

Asthma Care – Galway, Irlanda

Balsamiq – Bolonia, Italia

Blo Blow Dry Bar – Vancouver, Canadá

Business Model You – Portland, Estados Unidos

Dwolla – Des Moines, Estados Unidos

Globant – Buenos Aires, Argentina

Outfit7 – Limasol, Chipre

Unislim – Newry, Irlanda del Norte

WeDemand – Río de Janeiro, Brasil

ASTHMA CARE – GALWAY, IRLANDA

Durante años he seguido de cerca el negocio de Patrick McKeown. Patrick necesitó mucho coraje para empezar y ha superado muchos obstáculos en el camino. Por ejemplo, enfrentarse al poder de la profesión médica y la industria farmacéutica con un presupuesto limitado fue un desafío ambicioso. Sin embargo, con perseveración ha logrado convertirse en un experto en un área muy técnica y generar un gran impacto alrededor del mundo. Su pasión por aprender y compartir sus habilidades es contagiosa. Como emprendedor independiente, su historia es fascinante.

Patrick explica: "No hay mal que por bien no venga, y resolver el desafío que me impuso la vida me llevó a tener una carrera llena de experiencia, fe y pasión. Recuerdo tener problemas para respirar desde muy joven. Dormir una noche entera no era una opción, porque tosía y carraspeaba hasta la mañana. Caminar más de 100 metros constituía todo un problema.

"El diagnóstico fue asma y la solución obvia era medicarme. Para cuando llegué cerca de los veinte años, mi condición iba empeorando progresivamente y la cantidad de medicación necesaria para controlarla iba aumentando sin cesar. Había probado de todo, desde la acupuntura hasta la medicina china y la técnica Alexander en la búsqueda de una solución natural, pero sin resultados. En 1997, me gradué en el Trinity College en Dublín y comencé a trabajar en la gerencia media de una multinacional estadounidense. Fue por la misma época cuando me topé con un artículo sobre un médico ruso, Konstantin Buteyko, que decía saber cómo revertir la causa del asma. Desde un punto de vista lógico, tenía sentido: respirar por la nariz solo para filtrar y preparar el aire inhalado, y hacer ejercicios de respiración diseñados para calmar y normalizar la respiración.

"Al utilizar el método de Buteyko mi asma mejoró considerablemente. Ya no me costaba respirar ni necesitaba medicación. Dos años más tarde, vivía una vida libre de asma".

¿Cuándo decidió seguir este camino?

"Mientras mi salud mejoraba, mi carrera no. Para ser sincero, no me gustaba para nada mi trabajo. Me desagradaban los sistemas y procedimientos destinados a controlarme. Mi creatividad estaba sofocada y yo deseaba ser independiente.

"Un fin de semana iba manejando de vuelta a casa en medio de mi desesperación cuando se me ocurrió que los asmáticos deberían ser conscientes de cómo respirar correctamente y otros factores relacionados con el estilo de vida. No había duda de que funcionaba. Yo mismo era la prueba. Esa era la base de mi impulso y mi determinación. El método Buteyko había funcionado en muchos niveles para mí. Había eliminado por completo la necesidad de medicamentos, dormía mejor y mis niveles de energía y de estado físico habían mejorado.

"Sumado al hecho de que en 2002 había 475.000 asmáticos en Irlanda, esta era una oportunidad de negocios viable. Ese fin de semana fue muy importante. Sentía como si me hubiera sacado un peso de encima. A pesar de que no había pensado en las complicaciones de empezar un negocio, ya tenía la sensación arrolladora de que todo iba a salir bien."

¿Qué desafíos había en el camino?

"Estaba yendo por la vía menos transitada, que, mirando hacia atrás, parecía tener baches irreparables. El primer gran obstáculo fue el *statu quo*. Para todos los que sufren de asma, la respuesta automática es que busquen medicamentos. La mayor parte de las investigaciones sobre esta área fueron financiadas por compañías médicas. Las organizaciones paraguas que existían para ayudar y educar a los pacientes también estaban financiadas por compañías médicas. Por último, incluso el sistema educativo se concentraba en mostrar a los estudiantes la participación de los fármacos en el tema del asma.

"Me di cuenta de que la medicina complementaria a menudo tenía connotaciones negativas y que la falta de pruebas clínicas para respaldar mi trabajo significaba una gran posibilidad de que no se me tomara en serio. Sin embargo, me sentía bien y yo era la prueba viviente de que esta solución natural funcionaba. Estaba dispuesto a dar batalla."

¿Cuál fue su inversión inicial?

"Empecé mi compañía con un capital de trabajo de 6.500 dólares. Asthma Care se fundó para permitirles a los asmáticos aprender ejercicios de respiración para superar su condición. Ahora, yo era mi propio jefe, libre de políticas internas de oficina, de objetivos semanales externos que siempre aumentaban, y de sistemas y controles que asfixiaban mi creatividad y mi iniciativa.

"Me contacté con la Clínica Buteyko en Rusia, y para 2002 ya había completado mi entrenamiento bajo la tutela del mismísimo doctor Konstantin Buteyko. El costo del entrenamiento y del viaje fue de 4.500 dólares. Ahora, con apenas 2.000 dólares, tenía que compartir mi oficina para abaratar costos."

¿Alguna vez pensó que no valía la pena el estrés?

"Durante los primeros días experimenté muchos momentos de duda. Por suerte, encontré alivio en la propia terapia que estaba enseñando. El miedo, que es angustia por el futuro, y el estrés, que es angustia por el presente, son características subjetivas únicas de cada individuo. Algunas personas se preocupan por todas las cosas más ínfimas y otras permanecen calmas frente a la catástrofe. Claro que hay momentos en los negocios en que los niveles de estrés aumentan, lo que puede ser un gran motivador en el corto plazo, pero ningún trabajo o negocio es tan importante como para tener que soportar problemas mentales, alta presión arterial, fatiga crónica o incluso cáncer."

¿Cómo logró promover su negocio con un presupuesto tan limitado?

"Como el costo de la publicidad era prohibitivo, intenté buscar la mayor cantidad posible de publicidad gratuita. Después de dos meses tuve mi primera gran oportunidad de hacer relaciones públicas en un periódico local. Esto me trajo a mis primeros tres clientes, y así comenzó el viaje. La mayoría de los periodistas querían pruebas de que funcionaba, así que les mostré los pacientes. Todas las veces que nos encontramos, superamos el desafío. Publiqué mi primer libro *Asthma Free Naturally (Libre de asma naturalmente)* en 2003. Tuvo tanto éxito que Harper Collins me ofreció un contrato a nivel mundial en 2005. En los años siguientes, publiqué otros seis títulos, incluidos los éxitos en ventas *Close Your Mouth (Cierre la boca)*, *Anxiety Free: Stop Worrying (Libre de ansiedad: deje de preocuparse)* y *Quiet Your Mind (Calme su mente)*, además de producir varios DVD éxitos en venta. Dentro de ese período, también viajé por el mundo para entrenar profesionales en este campo."

¿Cómo evolucionaron sus otras ideas?

"En los últimos años ha surgido un patrón interesante. A pesar de que disfrutaba y reseñaba diariamente todas las investigaciones que se llevaban a cabo en todo el mundo mediante mis alertas de Google, cada vez aparecían más ideas al trabajar con los pacientes. En los formularios que llenaban, muchos decían que habían mejorado considerablemente otras condiciones después de ser atendidos en la clínica, entre las que incluían ronquidos, insomnio y síndrome de apnea obstructiva del sueño. Esto hizo surgir la idea de sumar nuevas opciones a mis servicios. Con esto en mente, en 2007 fundé Snoring.ie para enseñar técnicas no invasivas de respiración para destapar la nariz y normalizar la respiración. Entre mis clientes y mi conexión con los mejores profesionales del mundo de distintas disciplinas relacionadas, mis cursos empezaron a cubrir una variedad de necesidades: asma, problemas del sueño, ansiedad, estrés, prevención de maloclusión y mejoras en el desempeño deportivo."

¿Cuál es su propuesta de valor?

"Era muy consciente de los prohibitivos costos médicos de la enfermedad. Se gastan aproximadamente 1.500 dólares por año en medicamentos, y esto sin contar los días que se pierden en la escuela o en el trabajo ni el costo de una peor calidad de vida. De ahí mi determinación a que Asthma Care ofreciese una alternativa económicamente más eficiente. Desde un libro de 10 dólares a un curso de 250, siempre intentamos tener una opción para todos los tipos de ingresos. De hecho, mi política es nunca rechazar a alguien por motivos económicos. Comprendo dónde se encuentran y, más importante, sé dónde pueden ir en ese viaje. Ese es mi foco: enseñar ejercicios que cambian vidas a un precio accesible."

¿Qué piensa de la realización Xcepcional?

"Utilizar todas las oportunidades posibles para superar las expectativas de los clientes y solucionar sus reclamos. Esto es fácil cuando uno tiene pasión por su trabajo. Yo amo mi trabajo. No me resulta difícil salir de la cama un lunes por la mañana. Tampoco significa un esfuerzo para mí mantenerme concentrado, determinado y motivado. Mis principales motivadores son la independencia, la felicidad y el poder darles algo de valor a los demás."

Conclusiones de Asthma Care

- El dolor puede ser el catalizador para una idea de negocios.
- Comprometerse con la acción nos quita un enorme peso de encima.
- Si se siente bien, entonces es lo correcto.
- No debemos concentrarnos en los obstáculos antes de dar el primer paso.
- Calmar la mente es esencial para mantener la claridad y la cordura.
- No se necesita un gran presupuesto para causar un gran impacto.
- La realización crea oportunidades, solo hace falta preguntar.
- ¿Qué es lo peor o lo mejor que puede pasar en el contexto de crecimiento o creación del negocio?

BALSAMIQ – BOLONIA, ITALIA

No es habitual que un sitio web nos dé ganas de saber más de la organización a la que pertenece, pero así sucedió con Balsamiq. Gary, mi director de proyecto editorial, radicado en Australia, me sugirió que visitase el sitio e inmediatamente me gustó el aspecto amigable y acogedor de la compañía. Ciertamente, no era lo que esperaba, pero pronto descubrí que existe un método detrás de ese cálido acercamiento. Pasar de cero ventas a 150.000 unidades en cuatro años fue un gran logro para la empresa que dice ser un estilo de vida. Mientras muchas compañías luchan por encontrar financiamiento, Balsamiq tenía una fila de inversores esperando en la puerta. Sin embargo, decidieron crecer orgánicamente.

Cuando escuché al director de Balsamiq, Pcldi, hablar en una conferencia, me gustó su honestidad, energía y simplicidad. Se podría aprender mucho de su viaje. Giacomo "Peldi" Guilizzoni admite: "Vengo de la típica familia italiana de clase media. Mis padres se separaron cuando yo tenía dos años y luego ambos se casaron con otras personas, así que tuve una familia muy numerosa. Dicho sea de paso, muchos emprendedores vienen de familias de padres divorciados. Dicen que tienen algo que demostrar y que esa es su motivación. No sé si es mi caso.

"Mi papá tenía su propia agencia de seguros. En un intento de automatizarse lo más posible, compró una computadora grande y vieja en 1986. La computadora venía con un programador. En esa época no había paquetes de software. En la escuela yo amaba las matemáticas y las computadoras, así que, a los 12 años, me sentí muy feliz cuando mi papá me dio un ejemplar de *How to Learn Basic* (*Cómo Aprender BASIC*), un libro de programación. Rápidamente pude programar en ese disquete enorme y, para mi mayor satisfacción, parecía que podía decirle a la máquina lo que yo quería que hiciese. Este fue un momento muy importante en mi vida. Valoré la oportunidad de ser capaz de tener el control de algo.

"Mi padre odiaba intensamente trabajar para otras personas. Algo fundamental que aprendí de él fue la necesidad de trabajar duro para obtener resultados. Mi madre siempre fue muy cálida y generosa, una persona muy sociable. También era muy despreocupada. No tengo dudas de que la generosidad de mi madre me mostró el camino en cuanto a hacer donaciones de software a la mayor cantidad posible de gente".

¿Como en casa?

"A los 17 años, después de terminar la escuela secundaria, visité San Francisco y me sentí totalmente como en casa. San Francisco era el lugar donde estar, todos los grandes gigantes de la computación tenían alguna presencia allí. Esto me dio la oportunidad de aprender de los mejores de la industria. Sin muchas ganas, volví a la Universidad de Bolonia a terminar mis estudios. Hice mi tesis sobre un software llamado Director, que había sido desarrollado por Macromedia. Cuando volví a California, al año siguiente, mi objetivo era trabajar para ellos. Fui directamente a su departamento de recursos humanos y busqué una oportunidad. Resultó que estaba disponible el trabajo perfecto que se centraba en el tema de mi tesis. Por supuesto, luego Macromedia terminó siendo absorbida por Adobe."

¿Qué inspiró Balsamiq?

"La idea que yo tenía era para bosquejos, una idea que tuve durante bastante tiempo mientras trabajaba para Adobe. Simplemente, los bosquejos resolvían un problema que yo tenía. En las reuniones me gustaba dibujar las cosas porque es mi forma de pensar. En la pizarra, al pie del dibujo, siempre escribía 'no borrar' hasta que tuviese tiempo de volver a tomar una fotografía o copiarlo. El producto que proponía ayudaría a solucionar esto. Sería una herramienta gráfica que permitiría a las personas hacer bosquejos de interfaz de usuario para cualquier cosa, ya sea una página web o un software, y que podría ser compartido en tiempo real. Decidí hacer una investigación de 20 minutos y encontré poca competencia. Esta fue la motivación que me hizo seguir el camino.

"Ahora sé que si hubiese hecho una investigación un poco más exhaustiva habría encontrado mejores competidores potenciales y me habría desanimado. Eran buenos competidores, pero todavía no tenían nuestro enfoque. Al mirar hacia atrás veo que mi ingenuidad fue útil, ya que si entonces hubiera sabido lo que sé ahora habría sido desalentador en cuanto al tipo de esfuerzo requerido. Claro que entiendo la teoría de '10 % de inspiración, 90 % de transpiración' y que la suerte tiene lugar cuando el trabajo duro se encuentra con la oportunidad. Sin embargo, puede decirse que hubo algo de suerte en la forma en que empecé."

¿Entra el miedo en escena?

"Probablemente mi mayor temor sea perder el toque familiar de nuestro negocio, la manera en que trabajamos juntos y nos relacionamos con nuestros clientes. Trabajamos duro para mantener esto, centrándonos en nuestro servicio al cliente y solo reclutamos gente para lo que ellos mismos describen como el trabajo de sus sueños. Así que ahora somos un gran restaurant en Internet, con 150.000 clientes y 16 empleados. En algunos aspectos me esfuerzo para asegurar que crezcamos lo más lenta y consistentemente posible.

Esto va en contra de lo que Paul Graham describe como un buen negocio emergente, que debería crecer 10 veces su tamaño en cinco años. Así que, en esencia, no somos un negocio emergente."

¿Lo preocupa la competencia?

"Si hay algo a lo que no hay que tenerle miedo es a la competencia. La competencia ayuda a mejorar y a crear un mejor producto. Si son superiores a ti, entonces mereces perder. Hay una historia graciosa sobre nuestra primera venta. Debíamos lanzar el sitio, pero tuvimos nuestra primera venta tres días antes de hacerlo. El sitio funcionaba y el sistema de pago también, pero no les habíamos informado a los blogueros ni a la comunidad que estábamos funcionando. Recuerdo haber puesto el recibo en la pared para recordar ese logro. Unos meses más tarde nos llegó un contacto de un cliente que sugería que agregásemos una herramienta de manejo de proyectos y una aplicación web. Dado que mi plan siempre había sido hacer todo solo, sabía que esto no era posible y lo expliqué. Unos meses más tarde, descubrimos una compañía que había clonado nuestro software y había agregado una herramienta de manejo de proyectos y una aplicación web. Se trataba de nuestro primer cliente y se había convertido en nuestra competencia. Era el momento de descolgar el recibo de la pared. Su compañía ya no existe."

Dicen que dar es recibir, ¿es esto una gran parte de su estrategia?

"Regalamos software a cerca de 40 organizaciones por día. El software suele ir a organizaciones sin fines de lucro, pero también a cualquiera que demuestre estar haciendo buenas acciones. Recuerdo el pedido de un hombre que estaba diseñando un sitio para un orfanato en Ecuador. Nos encantó ayudar. Al principio, regalábamos el software a los blogueros y, a cambio, les pedíamos una reseña honesta. Nos gustaba hacerlo porque no tenía ninguna relación con el dinero. Lo que sí sabíamos era que con todas las críticas podríamos desarrollar algo que finalmente nos permitiría ganar dinero."

Dado que aprender es su objetivo principal, ¿cómo encuentra el tiempo para renovarse constantemente?

"En los últimos cinco años, he estado abrumado por los negocios; y constantemente debo arremangarme y trabajar en un desafío distinto, uno tras otro. Aunque no tenga el tiempo de leer todos los libros que querría, estoy completamente inmerso en un aprendizaje continuo, las 24 horas del día, los siete días de la semana. No creo que esto continúe a largo plazo con esta intensidad, pero por ahora estoy dedicando toda mi capacidad mental. Definitivamente aprendo mucho de la Universidad del Cliente, del Compañero de Trabajo y de la Comunidad."

¿Puede desconectarse?

"Es difícil desconectarse, pero lo intento. Normalmente miro un programa canadiense que muestra cómo se hacen las cosas. Es muy aburrido y me ayuda a quedarme dormido, o miro carreras de Fórmula 1 que tengo grabadas. En nuestro próximo retiro voy a invitar a alguien a que nos enseñe el arte de la meditación. Estoy muy interesado en ese tema. Cuando estoy con mi hijo, siempre intento estar más presente, más en el momento. La meditación debería ayudarme en eso."

¿Tiene nuevos proyectos en el horizonte?

"Me esfuerzo mucho para no distraerme con nuevas ideas ya que nuestro tiempo está claramente centrado en el desarrollo de nuestro actual producto. Sin embargo, tengo un archivo de solo lectura lleno de ideas para productos. Cuando los bosquejos estén bien desarrollados, me pondré a mirar esas ideas. Podría ser el año próximo, pero no cuenten con ello. Dije lo mismo hace cuatro años. Como parte de nuestra misión de librar al mundo del mal software, obviamente debemos buscar nuevas y mejores maneras de hacer las cosas."

¿Cuáles son las mejores aplicaciones para emprendedores?

"Algunas herramientas que me resultaron invaluables cuando empezamos la empresa fueron Google Apps, Dropbox, Atlassian Confluence (nuestra wiki interna), Hipchat, Pivotaltracker y Desk.com."

¿Qué lecciones le enseñaría a su hijo?

"Mi hijo, GJ, va a la Escuela Internacional de Bolonia. Durante el ingreso, escuché que el director les decía a los padres que la mayoría de nosotros tal vez tenía trabajos que no existían cuando nacimos. Dijo que era probable que esto sucediera con nuestros hijos cuando llegasen al momento de trabajar, así que la escuela se concentraría en el desarrollo del niño, en enseñarle a trabajar en equipo y a hablar en público. Eso me impresionó mucho. Tengo poco que agregar, salvo que me gustaría ayudarlo a encontrar su pasión porque vivimos en un momento en que puede ganarse dinero con las pasiones. Por supuesto que quiero enseñarle a ser una buena persona, un buen ciudadano, respetuoso, trabajador y con principios. Una parte de mí quiere que tome mi lugar, pero si quiere ser una estrella de rock, me parece bien."

¿Qué piensa de la realización Xcepcional?

"Construye algo que: a) esté en boca de todos, y b) tus competidores quieran copiar, lo que significa que te consideren un líder. Es tan bueno que lo copian. Se trata de ponerle personalidad a todo lo que salga de ti. Para dar un ejemplo sencillo: queremos que todas las páginas de nuestro sitio web y que todos nuestros sitios sociales tengan una cara."

Conclusiones de Balsamiq

- No hay éxito instantáneo. Peldi ha estado programando desde que tenía 12 años.
- Hay que ir por el oro. Peldi quería trabajar en Macromedia y lo buscó apenas pisó el suelo estadounidense.
- Cuando empezó su negocio emergente, las circunstancias conspiraron para que así sucediese. Él lo denomina "un asunto cósmico".
- El concepto del negocio era una solución a un problema existente.
- Su principal objetivo era aprender, y estaba preparado para el fracaso.

- El miedo puede ser saludable y debe ser respetado.
- Debemos contratar gente para el trabajo de sus sueños.
- El servicio al cliente puede ser una ventaja competitiva en el mercado del software.
- El fracaso es bueno siempre y cuando uno se haga responsable de él y se solucione el problema.
- La realización xcepcional es ponerle personalidad a todo lo que salga de uno.

BLO BLOW DRY BAR – VANCOUVER, CANADÁ

En un intento por conseguir las mejores entrevistas en todo el mundo, me puse en contacto con mi gente y les pedí que me recomendasen posibles Xcepcionalistas. Mary Marcus, asesora comercial, me habló de Devon Brooks, que transformó una idea ordinaria, secar el cabello, en un imperio mediante la realización xcepcional. Ella lo logró en una forma extraordinaria en un período increíblemente difícil de su vida, ya que algunos años antes había sido víctima de dos violentos ataques. Me causó admiración su compromiso, dedicación y empeño.

Devon dice: "Una vez, durante mi segundo año en la Universidad de la Moda de Londres, estaba hablando por teléfono con mi madre, que se encontraba en uno de esos eventos de 'mujeres de negocios' en Canadá. Nos reímos porque algunas de las mujeres tenían un aspecto terrible y parecían exhaustas. En el tema de vanidad, el problema para estas y muchas otras mujeres era que no tenían tiempo para dedicarle una hora y 45 minutos a la tarea de lavarse y secarse el cabello.

"Los costos eran prohibitivos. Si consideramos un promedio de 65 dólares más impuestos por vez y lo multiplicamos por tres veces por semana estamos hablando de un importante gasto de tiempo y dinero. La única otra opción era soportar la tortura de sostener un secador de cabello durante 45 minutos, sin perder la calma, antes de una reunión importante. Mientras tanto, los estudios de aquel entonces aseguraban que tener un buen cabello hacía que las mujeres se sintiesen más confiadas y seguras.

"No había nada en el mercado que se ocupase de este nicho. Fue la base de mi proyecto de segundo año de la universidad; a partir de ahí, concebí una solución para el peliagudo problema de las mujeres ocupadas".

¿Anticipó el potencial?

"Cuando escribí el plan de negocios, imaginé que la marca se convertía en el 'Starbucks del régimen de belleza'. Esa visión no era solo sobre la magnitud, lo era sobre la lógica de la experiencia. Compartimos esa visión con todo nuestro equipo, en todo nivel.

"A los seis meses, abrimos nuestro primer Blo Blow Dry Bar en Yaletown, Vancouver, en medio de la recesión. Nuestra fiesta de inauguración fue un éxito con 500 invitados especiales y de los medios. Nos llovían pedidos de franquicias. A lo largo de un año nos llegaron cientos de peticiones de franquicias para expandir Blo internacionalmente. El impacto ocurrió aún antes de que la gente realmente experimentase nuestro servicio. Todo el mundo nos decía: 'juro que yo pensé en eso primero'. En realidad se trataba de una idea común, nosotros solo la pusimos en práctica.

"Una de nuestras primeras cadetes, así llamamos a nuestras clientes, era una presentadora muy conocida en Vancouver. Nos contó una historia que reflejaba nuestra confianza en esta nueva dirección. Nos explicó que en su trabajo podría estar dando, literalmente, la noticia más importante de su carrera pero que la mayoría de los comentarios que la emisora recibiría serían sobre su peinado.

"Suele decirse: 'No juzgues un libro por su portada', pero, en un mundo de sobreexposición, a veces tu 'portada' –lo externo–, es tu primera y única oportunidad de obtener la atención que mereces. Eso se aplica a un individuo de la misma manera que se aplica a una empresa. En algún punto, lo que quieres tiene que convertirse en lo que los demás también ven. Después de todo, vivimos en una sociedad muy visual."

Las peluquerías tradicionales, ¿le dieron la bienvenida al mercado?

"A pesar de que intentamos educar a la 'comunidad peluquera' sobre quiénes éramos y cómo podíamos serles útiles, hubo muchos dueños de salones de belleza de las cercanías que no lo entendieron. Usaban nuestro color distintivo, el magenta, y hacían anuncios como 'lavado y secado de cabello baratos aquí'. Lo gracioso era que en realidad nosotros no éramos competidores, ya que las peluquerías usan el lavado y secado de cabello como oportunidades para entrenar a sus nuevos empleados y no como una fuente de ingresos.

"Empezamos una categoría de mercado. Me encanta ver que nuevas compañías interpretan este concepto y entran al mercado. Desde 2007, a medida que la marca Blo Blow Dry Bar creció en todo el mundo, hemos visto otros bares de lavado y secado que aparecían por todas partes, algunos un poco más originales que otros."

¿Cuál es el lado positivo de la competencia?

"La competencia nos da opciones y los consumidores quieren dar su opinión. Así es como compañías como Kickstarter han tenido tanto éxito. Hay lugar para todos en la categoría de bares de lavado y secado.

"Una semana después de haber entregado mi plan de negocios, sir Philip Green abrió un bar de lavado y secado en Top Shop. Me parecía increíble encontrarme en la misma categoría que él. Las ideas son solo ideas, lo que importa es la realización."

Su *branding* (desarrollo de marca) es increíble, ¿podría explicarlo?

"Nuestro objetivo era dar vuelta el modelo de sesión de belleza. Queríamos que, al final de la experiencia, nuestras cadetes lucieran como si recién se hubieran bajado de una pasarela y se sintieran de maravilla. 'Calidad de pasarela rápida y accesible' era nuestro lema. Con esto en mente, empezamos a construir la marca. Teníamos manuales de marca y de franquicia incluso antes de inaugurar. Estábamos en esto para crecer.

"Creamos la Blo U (la 'Universidad' de Blo) para entrenar a los estilistas en las ofertas esenciales de nuestro menú para el cabello. Creamos nuestro propio Blocabulario. El jefe de piso era el Blo Jefe. Los estilistas eran los Bloedores. Las franquiciadas amaron el proceso de crearse a sí mismas su propio blo-nombre, como el de Ama Principal o el de Reina Peluquera. Todo esto constituía una parte fundamental de la esencia de la marca.

"En cuanto a la toma de decisiones, consultábamos a la Chica Blo, el público al que queríamos llegar. Todas las decisiones adoptadas, ya fuese diseñar la tienda o un mueble, se basaban en lo que pensábamos que preferiría la Chica Blo. Un aspecto de nuestra marca que hizo mucho ruido fue la dirección de nuestro sitio web. Compramos 'www.blomedry.com'*. Queríamos que el dominio web del sitio estuviese relacionado con una acción, como si pregonara: esto es lo que hacemos. Hubo un poco de revuelo en los medios y nos llegaron historias divertidas de periodistas que escribieron mal el nombre del dominio y llegaron a sitios un poco subidos de tono. Sabíamos que eso sucedería. Era solo otro elemento lúdico de la marca."

---

* *To blow dry* significa "secarse el cabello"; por otro lado, la forma verbal *to blow* (+ *somebody*) en inglés tiene connotaciones sexuales. La pícara dirección del sitio web de la empresa sugiere pero evita –por la omisión de la "w"– una acepción sexual. (N. del T.)

¿Ha enfrentado el miedo en su vida?

"En esto, me hice una promesa personal. Nunca dejaré que el miedo me impida actuar. Las personas más valientes que conozco no son intocables, sino que son las que miran al miedo a los ojos y hacen lo que están decididos a hacer a pesar del miedo."

¿Qué influencia tuvieron sus padres?

"Mis padres se divorciaron cuando yo tenía siete años. Mi mamá, Judy Brooks, ha tenido una fuerte influencia en mi vida. Era una luchadora y una emprendedora por necesidad. Debía esforzarse para poner la comida en la mesa. No éramos de clase alta y ella nunca pudo darse el lujo de tener alguien que la ayudase cuando yo era pequeña. Mamá dirigía una compañía, daba clases de gimnasia y hacía lo que tuviese que hacer para ganarse la vida. Para entender en qué consistía la motivación, solo tenía que mirar a mamá. Por suerte, yo no tuve que ser una emprendedora para sobrevivir, pero somos como dos gotas de agua y me gusta pensar que tengo algunas de sus mejores cualidades, incluidas su risa y su sonrisa.

"Mi papá, en cambio, era muy difícil y, sin embargo, de alguna extraña manera fue un gran maestro. No nos hemos relacionado desde que yo tenía unos 15 años. Durante mucho tiempo eso me partió el corazón, pero luego de incidentes e interrelaciones en las que demostró su falta de integridad o de interés, finalmente me di cuenta: 'Tolero todo esto solo porque es mi papá'. Sentí lo mismo que muchas personas que tienen problemas con su familia: 'DEBO solucionar esto porque es mi papá, tengo que intentarlo'.

"En el fondo sabía que lo correcto era alejarme. No me gustaba cómo me sentía cuando él se encontraba cerca, y ciertamente no me gustaba lo que despertaba en mí. No lo sabía entonces, pero estaba tomando una decisión basada en valores. No era que eligiera no tener un vínculo con mi papá. Estaba eligiendo integridad, congruencia y felicidad."

¿Tienen los valores un papel esencial a la hora de tomar decisiones?

"Los valores son mi filtro. Deciden si tomo o no una decisión. La expectativa no es que nunca metamos la pata o nos equivoquemos, sino que cuando cometamos ese error, lo reconozcamos, nos hagamos responsables y sigamos adelante hábilmente. Me molesta mucho cuando alguien se comporta diferente de la imagen que pretende dar.

"Nunca he lamentado una decisión que haya tomado basada en mis valores. Blo fue una fantástica experiencia de aprendizaje. Fue como una maestría en negocios, una sensación increíble y un vehículo que me permitió apoyar causas en las que creo apasionadamente. En resumen, me dio una plataforma enorme para el resto de mi carrera y algunas amistades extraordinarias."

¿Tiene algún consejo para los emprendedores?

"Para mí, siempre es natural buscar respuestas, así que el espíritu emprendedor siempre será una parte de mi aventura en la vida. Emprender es una manera de solucionar problemas. Es un medio para cambiar desde el nivel más básico".

Conclusiones de Blo Blow Dry Bar

- Incluso una solución a un problema antiguo puede convertirse en un imperio de los negocios que impresione a los clientes.
- Es necesario articular una visión y comunicársela a nuestro equipo.
- Nuestra marca es nuestra impronta. Es como hacemos sentir a las personas.
- Ser valiente no consiste en no tener miedo, sino en actuar a pesar de él.
- Nuestros valores son nuestros filtros, deciden si tomamos o no una decisión. No debemos pedir disculpas por sostener nuestros valores.
- El trabajo y la vida no están separados. Debemos integrar nuestro tiempo libre a nuestro plan maestro.
- La intuición es inútil si no escuchamos y damos respuestas.

BUSINESS MODEL YOU – PORTLAND, OREGÓN, ESTADOS UNIDOS

Tim Clark es maestro, entrenador, autor, emprendedor y ex profesor universitario. Ha escrito o editado cinco libros sobre emprendimientos, modelos de negocios y desarrollo personal, incluidos los éxitos en ventas internacionales *Business Model You (Modelo de negocios: tú)* y *Business Model Generation (Modelo de negocios: generación)*, que han vendido medio millón de copias en 26 países. En el mercado actual, caracterizado por el déficit de atención, se destaca el enfoque de un modelo de negocios personal de una página que propone Tim. Si a eso le sumamos el hecho de que Tim vendió su propia compañía en un trato multimillonario, queda claro por qué pensé que sus ideas agregarían valor a DO! *En búsqueda de una realización* xcepcional.

Tim Clark comparte: "Soy hijo de dos maestros. Mi padre era profesor de aeronáutica y astronáutica e ingeniería eléctrica, y mi madre era maestra de escuela primaria. Al parecer, estaba destinado a ser un maestro.

"Cuando era joven, era terriblemente introvertido y tímido. Intenté compensar esto mediante distintas actividades. Antes, mientras estaba en la universidad y después de dejarla, me involucré en negocios relacionados con el espectáculo, como vodevil y música de rock. La industria del entretenimiento en directo es un ambiente creativo y desestructurado. Una vez que probé ese tipo de libertad y emociones era difícil entusiasmarse con un trabajo tradicional. Después de trabajar como músico, era difícil tener ganas de no tener dinero y trabajar de noche.

"En la universidad estudié psicología, y uno de los módulos que elegí para obtener créditos para graduarme fue japonés. Tuve un maestro increíble y realmente me atraía estudiar japonés; posteriormente, la inclinación por ese idioma hizo que terminara por mudarme a ese país. Apenas tuve suficientes habilidades como traductor, empecé a trabajar de forma independiente. Traducir mejoró mis habilidades de escritura, edición y localización.

"En el camino me convertí en un usuario acérrimo de la computadora y el correo electrónico. Después de muchos trabajos temporales, terminé trabajando para Eastman Kodak en un puesto que solo puedo definir como completamente alejado de quién era yo".

¿Por qué ser un emprendedor?

"Me convertí en emprendedor por el mismo motivo por el que la mayoría de la gente lo hace: prefiero trabajar para mí mismo. Soy un gran creyente de que ser emprendedor se basa en habilidades, experiencias y creación de valor de mercado, no en las ideas propiamente dichas.

"En 1994, lancé el Do-it-Yourself Import Center, una herramienta de idioma japonés para clientes que querían realizar compras en otros países sin intermediarios. Esa fue la consecuencia natural de contar con buenas habilidades para leer, escribir y traducir japonés, sumadas a mucha experiencia con computadoras y correos electrónicos, así como la capacidad de reunir todo para crear algo que la gente valore. La idea era modestamente importante, pero las habilidades y la experiencia subyacentes eran cruciales. Todo empezó desde ahí.

"No creo tener nada en particular que me haya permitido tener éxito como emprendedor. Lo único que puedo decir es común a todos los emprendedores y es que estamos dispuestos a trabajar duro. Me gusta decir: 'Si quieres trabajar como un ser humano, busca un trabajo. Si quieres trabajar como un animal de granja, sé un emprendedor'.

"Mi principal motivación fue mi curiosidad por Internet y, específicamente, por qué en otoño de 1994 casi no había contenido en japonés en Internet. Instantáneamente, decidí dedicar la mayor parte de mi tiempo a descubrir las razones de que ese contenido no existiera y cómo podía yo crearlo. Ese fue mi momento de 'Eureka'. No estaba pensando en hacer dinero. Si hubiese estado pensando en hacer dinero, no lo habría hecho. Solo que era muy curioso y me sentía completamente entusiasmado. Era la cosa más increíble que hubiese visto jamás."

¿Alguna vez sintió miedo?

"El miedo de tener una vida aburrida fue el motivo por el cual siempre he querido hacer cosas divertidas e interesantes. Por eso, trabajar en Kodak, una empresa fantástica, atada a un modelo de negocios rígido y poco sustentable, me parecía aburrido y algo que no era para mí."

¿Qué piensa de la realización xcepcional?

"Significa hacer las cosas por los motivos correctos más que hacer las cosas correctas. Puedes equivocarte y arreglar tu realización, pero no puedes realmente cambiar los motivos fundamentales por los que haces algo. Por ejemplo, y la mayoría de tus lectores no recordarán esto, en los comienzos del acceso a Internet por conexión conmutada había una herramienta llamada Majordomo. Básicamente era una manera de enviar correos electrónicos en masa a una lista de suscriptores, pero si el mensaje inicial no se enviaba correctamente podía crear un ciclo perverso en el que todos los de la lista recibían el mismo mensaje una y otra vez, incluidas las quejas subsecuentes y los pedidos de cancelar la suscripción que comprendía aun los que ellos mismos mandaban, y se creaba una espiral interminable de correos electrónicos.

"Un día, cometí ese fatídico error con una lista de varios miles de personas que se habían suscripto y empecé a recibir agresivas quejas de ellos, que estaban muy enojados. Inmediatamente llamé a mi proveedor de Internet y pedí que lo apagasen. Ellos también estaban bastante molestos. Me disculpé, avergonzado, con mis suscriptores. Lo importante es que mis intenciones eran buenas y no pretendía llenar de correo basura a la gente. Fue un error inocente y nuestros suscriptores nos perdonaron. Nuestra realización fue mala, pero nuestras razones fundamentales eran buenas. Intentábamos ayudar a la gente. De hecho, mi definición de trabajo es esa: tratar de ayudar a las personas.

"En *Business Model You* hablamos mucho sobre el propósito. Sinceramente, creo que es un concepto muy malinterpretado. Cuando la gente escucha 'propósito', inmediatamente piensa en la necesidad de ayudar a los indigentes o a los niños enfermos o en algo generoso y altruista. El propósito puede ser algo mucho más común y local. Si unimos nuestro propósito con nuestro trabajo estamos garantizando autenticidad. Con demasiada frecuencia no se vincula el propósito con el trabajo y se mira el gran esquema en vez de las pequeñas acciones que pueden adoptarse para ayudar."

¿Existe la suerte o la fortuna favorece a los que se preparan?

"No soy muy bueno para planear, así que no soy el mejor para aconsejar sobre realización xcepcional. Sencillamente, siempre he cometido errores, pero me he arreglado para seguir adelante. He tenido la suerte de reconocer las oportunidades, incluso cuando no sabía cómo aprovecharlas. Simplemente, me dirigía hacia las áreas interesantes y hacía que las cosas sucedieran. En definitiva, supongo que cada uno hace su propia suerte, pero realmente siento que yo tuve mucha. En 1997, Amazon nos pidió que diseñásemos su primer sitio en japonés. Puede decirse que tuvimos suerte, pero también puede verse como el resultado de ser competentes y de una realización xcepcional."

¿Está sobrevalorada la visión?

"Tener una visión es fácil, todo el mundo puede tenerla. En cambio, diseñar una manera específica para lograr algo es difícil. Lo que entusiasma a los medios es que alguien tuvo una gran idea y como resultado ganó millones. La verdad es que eso sucede raramente. Lo que libera el potencial de una persona es su competencia. No es fácil diseñar procesos, estructuras o estrategias para alcanzar objetivos complejos. Pocas personas pueden hacerlo bien. Mi 'visión', por así decirlo, es mi propuesta de valor: ayudar a los demás a progresar en sus carreras."

¿Qué importancia tiene el autoconocimiento?

"La acción genera más conciencia y conocimiento de uno mismo que la introspección. Cierto nivel de éxito provoca situaciones que requieren un mayor grado de autoconciencia. Si tu negocio crece al punto de que necesita una gerencia profesional, muy rápido descubrirás si tienes o no la capacidad y/o las ganas de ser un gerente, y yo descubrí que no tengo ninguna de las dos. Saber desde el principio en qué eres bueno –y en qué no– constituye una gran ayuda. Eso requiere conocerse a sí mismo."

¿Se toma un tiempo de descanso?

"Siempre olvido las fechas de las vacaciones y mi esposa debe recordármelas. Soy pésimo para organizar el tiempo, pero soy muy bueno para dedicar tiempo todos los días a leer o a pensar."

Conclusiones de Business Model You

- Un buen maestro en la escuela o en la universidad puede tener un impacto más grande de lo que se cree.
- El espíritu empresarial se basa en habilidades sólidas, no en las ideas.
- Si quiere trabajar como un animal de granja, sea un emprendedor.
- Debemos sentir el miedo y no actuar, a menos que seamos competentes para hacerlo.
- No se pase la vida aburrido.
- La visión está sobrevalorada.
- El propósito es más frecuente de lo que parece.
- Festéjelo, alguien acaba de prestarle atención.
- Escuche a su instinto.
- Hacer es mejor que reflexionar para desarrollar el autoconocimiento.
- Pensar es para los cobardes.

DWOLLA - DES MOINES, ESTADOS UNIDOS

Un colega del equipo de Net Minds calificó a Dwolla como Xcepcionalista. La diligencia debida brindó la oportunidad de entender el pensamiento de alguien cuyo objetivo es crear una cámara de compensación global que ofrece a los consumidores y a las empresas un magnífico sistema de pagos que podría acabar con nuestra dependencia de las tarjetas de crédito. Tengo la impresión de que el director ejecutivo, Ben Milne, es brillante, subestimado, claro y centrado.

Ben nos comenta: "Mi padre era dentista y mi madre, ama de casa. Tengo una hermana. Mi padre fue un gran ejemplo a seguir. Quiso que ganara mi propio dinero desde muy pequeño. Ese fue el principio de mi vida como emprendedor. Hice lo que hacía mucha gente de mi edad en ese entonces y comencé cortando el césped. Esta experiencia me enseñó todos los aspectos necesarios de los negocios: buscar clientes que pudieran pagar el servicio, promocionar el negocio, dar la documentación necesaria, recibos, etc. Cortaba el césped por 25 dólares y a veces hacía descuentos.

"Mi familia me había dado mi primer auto así que podía utilizar el dinero para comprar lo que yo quisiera, como estéreos, computadoras, software, etc. En mi adolescencia, mi papá supo que tenía Parkinson, lo que hizo que muy temprano dejara su actividad como dentista. Esto no lo detuvo en sus búsquedas como emprendedor. Invirtió en un gran desarrollo inmobiliario que le dio a la ciudad su primer estadio de fútbol, lo que sucedió justo cuando terminaba la escuela superior. Fue un momento muy especial y me hizo sentir muy orgulloso. No podía tener más admiración por él. Hoy en día, él representa un milagro para la medicina. Acaba de pasar por una cirugía del cerebro que ha aumentado su expectativa de vida en cinco años más."

¿Cuál fue su primera aventura significativa como emprendedor?

"En 1999 diseñé un sitio web para una tienda por algunos miles de dólares. En lugar de dinero, me dieron créditos para sus productos. Entonces comencé mi propio sitio web de venta de productos de audio para autos. Comencé Elemental Designs ofreciendo solo seis parlantes y lo convertí en un negocio de 1,5 millón de dólares. Me encantó esa independencia.

"Sabía que dejar la universidad sería una buena idea porque si me hubiese quedado habría acabado malgastando mucho dinero de mis padres. La universidad no era lo mío, realmente me costaba. Me entusiasmaba mucho más trabajar con clientes y ganar mi propio dinero. Por supuesto, mi familia no estaba contenta con mi decisión, pero después de un tiempo la aceptaron. Fue difícil para ellos reconocer que su hijo le daba la espalda al camino que lo llevara al éxito, el camino que sus padres ni siquiera habían tenido la oportunidad de seguir."

¿Qué inspiró la creación de Dwolla?

"Probé de todo y busqué exhaustivamente una forma de mitigar los costos exorbitantes de las tarjetas de crédito en mi negocio de parlantes. Leí sobre los principios de PayPal y de ACH. Entonces se me ocurrió la idea y me arriesgué.

Creamos una plataforma de software y dedicamos el año y medio siguiente a aprender cómo hacerlo de manera legal. Hicimos el lanzamiento en diciembre de 2010. Desde entonces hemos hecho un progreso significativo y ahora somos más grandes que muchos bancos regionales. Pasamos de 'Ojalá que esto funcione' a 'Esto está en marcha', y de 'Me pregunto cuán lejos se puede llegar' a 'Veamos cómo podemos acelerar las cosas'. Nos sentimos confiados porque estamos muy adelantados con nuestra tecnología y su distribución. Reconocemos su particularidad y sabemos que el resultado es inevitable."

Hoy estoy, hoy me he ido: Vive la vida ahora. ¿Es esa su estrategia?

"La vida es corta. Mi madre tuvo cáncer y sobrevivió, mi padre tuvo Parkinson, y una amiga de mi madre murió por un cáncer; existen millones de incertidumbres. Así que está claro que no hay mejor momento que ahora. Puedes decidir hoy qué quieres hacer en este momento, tal vez no tengas este privilegio mañana. Ser emprendedor es, definitivamente, algo que todos deberían probar en algún momento de su vida."

¿Qué lo motiva?

"Cuando era más joven me motivaba el dinero. Ahora adoro la oportunidad de lograr un impacto. Si sabes que debes trabajar lo mismo en un posible negocio de mil millones de dólares que en uno de cien mil dólares, ¿por qué no dedicarse al que haga mayor diferencia, al que mejore las vidas de las personas, que les devuelva algo de dinero? Sin duda alguna generará más valor que ganancias.

"Mira las cifras: los bancos de Estados Unidos cobran 40.000 millones de dólares anuales en concepto de comisiones por sus tarjetas de crédito. Imagina que ese dinero volviera a los bolsillos de los clientes. Eso haría una diferencia. Imagina esto en países en vías de desarrollo. Devolverles ese dinero podría permitirles tener una casa más grande.

"Dwolla es parte de una evolución lógica, de la misma manera que el correo electrónico está reemplazando al correo postal, y los VoIP y los celulares están sustituyendo a los teléfonos de línea. Y en nuestro modelo todos ganan, con excepción de las partes interesadas del antiguo sistema. Tu hogar está donde quiera que estés. No tengo una oficina en Iowa o en Nueva York, tan solo llevo mi mochila y mi computadora."

"Demasiado conocimiento puede ser algo malo".
¿Está de acuerdo?

"Si tienes suficiente información, es indudable que verás las dificultades. Te inclinarás más a justificar y quedarte en el *statu quo*. Recuerda que parte de hacer algo nuevo consiste en cambiar la información que fundamentó la decisión anterior. No entender nada sobre bancos tal vez al principio significara una ventaja y, sobre todo, durante todos los días en la oficina. Es probable que esto asuste a mucha gente, pero es una base sobre la cual crecer.

"La información es importante para manejar los riesgos. Puede estar bien decidir probar suerte en una cosa, pero no en cuatro a la vez. Si eres considerado como alguien que no tiene en cuenta ningún riesgo, tal vez estés enviando un mensaje equivocado a tu equipo, y puede parecer que no te preocupas por ellos ni por ti mismo; por lo tanto, resulta peligroso hacer negocios contigo."

¿Cómo mejora la experiencia del cliente?

"En sus orígenes, la idea era crear una herramienta que permitiera la transferencia de dinero sin tener que pagar comisiones. Luego decidimos concentrarnos en la experiencia de los usuarios, así que contratamos un diseñador porque los gráficos no eran bonitos. Ahora nuestro enfoque está en lograr que la gente pueda comprar lo que quiera tan rápido como sea posible. Todavía estamos explorando cómo lograr que esto se haga mejor y más rápido."

¿Cuáles son sus expectativas para Dwolla?

"Al principio, como cualquier emprendedor, tú eres el único al que le importa y el que tiene alguna idea de cómo podría funcionar. Pero no puedes llevarlo a cabo solo, así que lo compartes con tu equipo para que lo comprendan y pueda evolucionar. La visión se desarrolla a medida que el equipo crece.

"En general, mi expectativa es llegar a ser una cámara de compensación internacional. Como podrás imaginar, hay mucho camino por delante. Lo primero que hay que hacer es conseguir una porción del mercado en los Estados Unidos. Luego, identificar la estrategia correcta para el mercado internacional: puede ser África, Europa, etc. Ahora tenemos un plan que divide los próximos dos o tres años en trimestres y los resultados que deberán lograrse en cada uno de esos períodos, incluidos todos los aspectos del negocio. Esto nos impone el desafío de hacer ingeniería inversa para alcanzar nuestros objetivos. También ayuda a tomar mejores decisiones. Nuestros inversores son de mucha ayuda en esta etapa, pues ya han pasado por crear negocios internacionales."

Conclusiones de Dwolla

- Viva la vida en el presente.
- Asuma la responsabilidad de sus fracasos, recuerde que tiene otra oportunidad.
- Trabaje en un proyecto que tenga el mayor impacto.

- Los negocios más importantes se basan en relaciones.
- Tenga cerca personas con las que pueda no estar de acuerdo de manera respetuosa.
- Suficiente información lo inclinará a justificarse y permanecer en el *statu quo*.
- El mundo de los negocios no es física cuántica.
- No gaste más dinero del que gana.
- No puede recibir lo que quiere hasta que sus clientes reciban lo que ellos quieran.
- Pida disculpas cuando sea necesario.

GLOBANT - BUENOS AIRES, ARGENTINA

En 2012 di el discurso de apertura en una conferencia sobre liderazgo en Argentina. Al finalizar, le pregunté a Julio, el organizador del evento, qué compañía creía que respetaba más los valores de la realización xcepcional. Él respondió de inmediato: "Globant". Poco después, le planteé la misma pregunta a otra colega en Buenos Aires, María. Ella respondió lo mismo: "Globant". ¿Por qué? Globant muestra frescura y voluntad de innovar, un deseo de ser y hacer de manera diferente. Su historia merece ser contada.

Guibert Englebienne, cofundador y director de tecnología, lo explica más detalladamente: "Fue en medio de la crisis de 2002, cuando el peso estaba devaluado. Decidimos que necesitábamos una fuente de ingresos alternativa. Uno de mis socios, Martín Migoya, invirtió en acciones indias que se estaban disparando. En ese momento muchas compañías se hallaban invirtiendo en compañías especializadas en tecnologías de la información en mercados emergentes. Estas compañías eran catalizadoras para la creación de una nueva clase media en su país.

"Esa fue nuestra inspiración. Queríamos crear un operador global para Latinoamérica que generara tecnologías fiables desde una región que pudiera importar oportunidades y exportar software. Luego de una serie de reuniones entre los cuatro cofundadores, todos renunciamos a nuestros trabajos y empezamos el camino.

"Por primera vez, luego de crear seis empresas, yo era parte de un equipo fundador sólido, donde todos éramos diferentes pero complementarios. Éramos fuertes en casi todo lo que necesitábamos: análisis, creatividad y un enfoque en la realización xcepcional. Al principio hubo muchas tentaciones. Muchos argentinos se enfocan en Brasil o en países hispanos como mercado.

"Como Estados Unidos y el Reino Unido abarcaban el 75 % del mercado, decidimos comenzar por ahí. Creíamos que las compañías necesitaban una alternativa al estilo de la India, Israel e Irlanda, y pensábamos que Latinoamérica podía serlo. También queríamos hacer algo que enorgulleciera a nuestra gente. No es común encontrar un país que solo manifiesta toda su felicidad a un equipo de fútbol cada cuatro años. Al ser ingenieros de software, ¿qué podría ser mejor que competir allí mediante nuestro trabajo?"

Los gurúes dicen que no planificar es planificar el fracaso. ¿Comenzaron con un plan de negocios sólido?

"No teníamos un plan de negocios. Con la ayuda de Endeavor, en 18 meses hicimos un plan de cinco años que se ejecutó con éxito. Acordamos hasta dónde queríamos llegar y trabajamos mucho para lograrlo. Como una organización de servicios, nuestra actitud fue escuchar las necesidades de nuestros clientes y adaptarnos."

¿Cuán importantes fueron los primeros clientes para el desarrollo de Globant?

"Los clientes eran nuestra mejor publicidad y por suerte, a medida que cambiaban de trabajos, siempre nos recomendaban y así teníamos nuevas oportunidades. Uno de esos clientes comenzó a trabajar en Google. Esto representó un hito para la historia de Globant.

"Después de un año de exhaustivos procesos de selección, nos eligieron como la primera compañía en la historia de Google encargada del desarrollo externo de software. Esta fue una victoria muy significativa para nosotros. De repente, otras compañías innovadoras también querían trabajar con nosotros. Entre nuestros clientes actuales están LinkedIn, Yahoo, Zynga, Dreamworks, Sony, Southwest Airlines, EA, Salesforce, Cisco y Autodesk.

El enfoque original era el tradicional: aumentar el rendimiento y reducir costos mediante la tecnología. Sin embargo, nuestros clientes nos llevaron a lugares inesperados. Más que crear tecnología para corporaciones ya existentes, ellos nos llevaron a crear productos de software destinados al consumidor. A pesar de que parecen similares, sus naturalezas son muy diferentes: enfocarse en el diseño, la necesidad de innovar y adaptarse rápidamente a la competencia son algunas de las cosas que diferencian la creación de este tipo de software. Ahora Globant se especializa en crear productos de software atractivos para llegar a millones de consumidores. Hacer esto permite que las compañías establezcan un diálogo y se comprometan."

El reclutamiento es una parte clave de su estrategia. Cuéntenos un poco sobre sus primeros reclutamientos

"Hace poco celebramos diez años en el negocio y Juan Umaran, nuestro primer empleado, contó cómo lo reclutamos. Después de conversar por chat con Juan, nuestro cofundador Martín empezó a tocar el piano.

"Inesperadamente, Martín le preguntó a qué banda pertenecía la canción que estaba tocando. Juan respondió correctamente: Massive Attack. 'Estás contratado', dijo Martín. Y así comenzó la aventura.

"Un tiempo después yo estaba entrevistando a un posible empleado. Vi y reconocí un gran déficit de información. El entrevistado me confió que había tenido que tomarse dos años para cuidar a su padre enfermo. Yo sentí que esa era la clase de persona con la que quería trabajar y decidí darle otra oportunidad. Para la siguiente entrevista Guido no solo conocía la tecnología con la que trabajaríamos, sino que también se había contactado con quienes la habían creado. Fue reclutado y se convirtió en un gran empleado que exudaba los valores de la compañía."

¿Cuán elevadas son las expectativas?

"Ahora estamos trabajando en aproximadamente 400 proyectos de diferentes tipos de tecnologías. Hoy en día, todas las compañías tienen que hacer frente al desafío de comprometerse con los consumidores mediante la tecnología, pero esos consumidores están nadando en un mar de abundancia.

"La innovación fue democratizada y el resultado es que ahora es más simple, más rápido y más barato crear nuevos productos, lo que hace más difícil seguir siendo competitivo. Por lo tanto, existe una presión constante por innovar. Nos dimos cuenta que teníamos una ventaja con respecto a cualquier tecnología que estuviera funcionando. El hecho de estar trabajando con las empresas más grandes y en tantos proyectos nos permite estar a la vanguardia.

"Ahora nos centramos en ser innovadores en lugar de ser tan solo una compañía que satisfaga las demandas del cliente. Para facilitar este proceso, nuestro deseo es hacer que la innovación sea un punto central en nuestra cultura. A través de nuestros laboratorios, exploramos tecnologías que nuestros clientes todavía no están demandando, y logramos avanzar gracias a los hallazgos de un grupo grande de empleados. El resto de la organización adoptó rápidamente el empuje de la innovación. Nuestra fuerza de ventas lo logró.

"Nuestro equipo de comunicaciones lanzó una serie de eventos sobre la innovación a los que llamamos '*Flip-Thinking*' ('Cambio de mentalidad'). Estos eventos están enfocados en pensar de manera diferente. Los oradores son nuestros empleados o algunos invitados como el director de tecnología de Estados Unidos, un ingeniero de la NASA o un neurocientífico."

¿Qué podría enseñarle a un emprendedor potencial?

"El emprendimiento tiene que ver con la libertad. La libertad financiera en particular, pero también se trata de lo que dejas atrás. Como líder se tiene la responsabilidad de cuidar de los otros, de ser un ejemplo a seguir. Podemos estar muy orgullosos de lo que logramos con una compañía, pero también del éxito que han tenido muchos ex empleados desde que nos dejaron.

"El verdadero impacto de Globant no será Globant en sí, sino las docenas de compañías que se creen gracias a personas que al haber trabajado con nosotros aprendieron cómo –a través del esfuerzo y la competencia– es posible crear organizaciones duraderas. Hace falta trabajar duro, pero ninguna magia.

"A nosotros nos gusta hablar sobre cómo importar oportunidades y exportar software. Un ejemplo de eso fue la creación de una oficina en la Antártida que continuaría desarrollando software. Queríamos mostrar que existen oportunidades de marcar la diferencia en todos lados. En ese contexto, mis consejos para los emprendedores potenciales son:

- Trata de resolver un gran problema, evita nichos.
- Sé extremadamente apasionado; este es el camino de tu vida.
- Crea un equipo fundador que pueda ayudarte a que esto suceda. Es muy difícil hacer historia solo.
- Concéntrate, concéntrate, concéntrate."

La importancia de la cultura se ve claramente en su sitio web. ¿Cómo se crea una cultura convincente?

"La cultura lo es todo y los valores juegan un rol importante en el modelado de la cultura de la compañía. Un líder debe ser el guardián de sus valores. Nosotros apuntamos a crear un ambiente en el cual podamos acceder a la motivación intrínseca de los empleados. Nuestra dirección vive y respira esos valores. Esto no es porque contratemos a la gente correcta, sino porque ellos han crecido dentro de una compañía que percibe y reconoce ciertos comportamientos.

"Los siguientes puntos se han dado luego de cinco años en el negocio:

1. Autonomía

Si eliges todo lo que puedes sobre tu trabajo, lo harás más felizmente y tendrás mejores resultados.

2. Maestría

"La Generación Y, el núcleo de nuestra fuerza laboral, nació en un mundo donde las cosas se mueven rápidamente, así que la sensación de urgencia por desarrollar una buena carrera pone énfasis en crear un ambiente en el cual se pueda aprender y obtener información rápida de lo que haces bien.

3. Propósito

"Nuestra gente sabe que puede hacer la diferencia, no solo durante su tiempo libre sino también mientras trabaja. Así que damos lugar a los emprendedores internos a que puedan generar un verdadero impacto. Como líderes tenemos un gran sueño que va más allá del éxito económico. Queremos ser la mejor compañía del mundo en lo que hacemos.

4. Apuntar a la excelencia

"Piensa en grande. Diviértete. Actúa éticamente. Trabaja en equipo. Innova constantemente. Estos valores están impresos en la pared de cada oficina.

"Tenemos un programa de igual a igual llamado 'Stellar' ('Estelar') que permite a los empleados entregar cinco estrellas a cualquier persona que vean que sobresale en alguno de los valores. Este sistema funciona excelentemente. La gente de la Generación Y quiere verse como que están marcando una diferencia e impactando. Para ese fin todos tienen plataformas sociales. Dicho sea de paso, estoy harto de leer historias que insisten en que los empleados hacen todo en busca de su beneficio, que sus demandas son hedonistas. La mayoría de ellos está más preocupada por hacer la diferencia.

"Gracias al programa 'Stellar' podemos ver quién es quién dentro de la empresa y, a partir de eso, obtenemos sus opiniones sobre cómo podemos hacer de Globant una mejor compañía. Nunca mezclamos 'Stellar' con ningún tipo de recompensa monetaria, y de esta manera lo mantenemos sincero y honesto.

"No necesariamente los técnicos desean estar en posiciones directivas. Aparte de que decidan ser directores o no, es importante que compartan sus conocimientos. Por eso montamos un grupo de élite dentro de la organización, la 'Premier League' ('Primera división'). A este grupo solo puede ingresarse mediante una invitación y está integrado por el 1 % de los técnicos más importantes de la compañía. Los miembros son pares y se seleccionan por unanimidad.

"Yo fui el primero en el grupo, seguido por el primero que elegí, Osvaldo. Nos unimos y decidimos quién merecía convertirse en el tercero. Luego, los tres juntos seleccionamos a un cuarto, y así sucesivamente. El grupo constituye una gran caja de resonancia para enfrentar cualquier desafío que se nos presente."

¿Qué piensa de la realización xcepcional?

"La realización xcepcional es establecer un objetivo, reunir el equipo correcto y trabajar muy duro para conseguirlo. La realización trae confianza."

¿Qué rol cumple la tecnología en su estrategia de comunicación?

"Además de mi posición como director de tecnología, soy sociólogo y me interesa mucho la ciencia de la motivación y la forma en que las personas se conectan entre sí. Nosotros estamos constantemente observando cómo nos comunicamos como comunidad, tanto en forma individual como colectiva. Claro que en ese proceso revisamos cómo la tecnología mejora o dificulta el proceso de comunicación.

"Hace poco lanzamos una nueva aplicación: Next2You (A tu lado). La idea original pretendía que nuestros empleados supieran quién vivía cerca de quién para que tuvieran la posibilidad de ir juntos en auto a sus casas. Luego esto se expandió porque la gente percibió que podía usar la misma aplicación para enviar paquetes a las zonas donde vivieran sus compañeros de trabajo. Hace poco hubo una gran inundación en una ciudad en la que operamos. Lamentablemente, 50 personas murieron. Esta aplicación nos permitió saber qué compañeros de Globant habían sido afectados por la tragedia."

¿Y qué pasa con usted? ¿Quién es usted?

"Vengo de una familia de emprendedores y las conversaciones en la mesa nunca fueron sobre quién iba a trabajar, sino sobre qué iba a crear. Esto, sumado al apoyo de una familia amorosa, influyó mucho en las decisiones que tomé en mi vida. Hace muchos años sufrí un accidente automovilístico bastante serio. Según el médico, tenía un 5 % de probabilidades de sobrevivir. Esto me hizo pensar más profundamente sobre por qué estoy aquí, el motivo de todo esto. No me cabía ninguna duda de que estaba aquí por alguna razón. Me salvé por algún motivo.

"Ahora, mi mayor motivación es mi legado. En la actualidad soy vicepresidente de Endeavor Argentina, una fundación internacional que ayuda a mejorar el ecosistema empresarial en estados emergentes. Esto se hace mediante selección, ayuda y promoción de emprendimientos de alto impacto."

Conclusiones de Globant

- Nunca es un mal momento para empezar una empresa. Esta compañía comenzó en una crisis.
- El equipo fundador contaba con una mezcla de habilidades que se complementaban.
- Tenían un sueño, pero no tenían ningún plan de negocios y contaban con un capital limitado para llevarlo a cabo.
- Empezó aprovechando sus amistades.
- Los valores eran una parte fundamental para modelar la cultura.
- Una compañía es un laboratorio social.

- Hace falta mucho trabajo para llevar a cabo un emprendimiento, pero ninguna magia.
- Sueñe en grande y, después de cada logro, sueñe más grande aún.
- Sea extremadamente apasionado, ese es el camino de su vida.

OUTFIT 7 - LIMASOL, CHIPRE

Mi colega Ksenja me habló de Outfit7 de Eslovenia, creadores de Talking Tom. Hasta ese momento había visto personalmente la alegría y diversión que esta aplicación interactiva daba a mi hijo Conor. Una investigación casual me reveló que casi todas las personas que yo conocía tenían la aplicación, y esto no termina aquí.

Más de mil millones de personas de distintos lugares del mundo y nichos de mercado habían descargado las aplicaciones de Outfit7. Talking Tom es una de las aplicaciones más populares del planeta. ¿Cómo lo lograron?

Los cofundadores, Iza y Samo, comparten: "Al principio había ocho miembros fundadores: siete hombres y una mujer. Al comienzo eran todos frikis de la informática, pero con el tiempo los personajes ayudaron a que desarrollaran sus personalidades. Nosotros brindamos el financiamiento y los otros seis fundadores dejaron una compañía de motores de búsqueda para unirse a nuestra aventura. No teníamos miedo y creíamos que podríamos tener éxito. El desafío fue encontrar el camino que nos llevara a él. Talking Tom fue la respuesta.

"Si bien existió una planificación, ella era desde el punto de vista del usuario, y no desde la perspectiva de un negocio. Así que fuimos proponiendo ideas sobre el producto y, cuando terminamos esa etapa, empezamos a trabajar en cómo hacer dinero con él. Talking Tom fue, ciertamente, un ejemplo clásico de la realización xcepcional de una idea común. La diversión fue nuestro factor clave, el ingrediente xcepcional. Esto es, el resultado directo de lo que se había divertido el creador mientras trabajaba en el proyecto. De hecho, ambas cosas (el trabajo y la diversión) son lo mismo. No puedes tener uno sin el otro. El Talking Tom original no se hizo en 3D, así que no hay duda alguna de que la tecnología no fue el factor clave. La diversión es uno de nuestros valores empresariales más importantes, lo que se percibe apenas se entra en nuestra compañía. ¿Cómo? Es fácil. Se escucha la risa de nuestros empleados.

"La cultura de la empresa está muy influenciada por los personajes. Tratamos de tener un familiar divertido. Si la gente no se divierte es imposible impregnar a los personajes de dicha sensación. Trabajamos muy duro en esto. El reclutamiento es fundamental en este contexto. Por supuesto que las personas vienen de distintas culturas empresariales y necesitamos integrarlas a la nuestra. Tenemos un consejero cultural y un psicólogo externo que hace entrevistas de acuerdo con nuestros valores."

¿Cómo era la vida antes de Talking Tom?

"Antes de que surgiera la idea, investigamos mucho el mercado. Inicialmente queríamos crear una aplicación 'útil', tal vez una aplicación de deportes o de entretenimiento educativo que ayudara a la gente; una que permitiera a los padres ver dónde estaban sus hijos en cualquier momento, pero ese mercado ya estaba saturado. Con más investigaciones se puso en evidencia que la gente no necesariamente quería las aplicaciones más útiles, simplemente quiere entretenerse. Elegimos ese camino, que nos permitió ser creativos, y una aplicación nos pareció el medio indicado, pues entendimos que el área de los juegos también estaba saturada. Cuando Samo presentó el concepto de Talking Tom al equipo, fuimos muy escépticos con respecto a sus posibilidades, pero confiamos y apoyamos su visión. Nuestra evaluación fue un tanto equivocada."

¿Cuáles fueron los factores que lo llevaron al éxito?

"Cuando creas una aplicación y no existe un sólido conocimiento de la marca de la empresa, es necesario utilizar un nombre que sea inmediatamente reconocido y fácil de explicar para no tener que gastar grandes cantidades de dinero. Por lo tanto, llamamos a la aplicación Talking Tom (Tom el gato).

"Comenzar es el mayor desafío cuando intentas promocionarlo y hacerlo viral. Puedes concentrarte en gastar mucho dinero en banners publicitarios, que no era lo que queríamos, o puedes considerar la promoción cruzada. Esto último es cuando se usa la publicidad de sus propios productos para promocionar otras aplicaciones. Trabajamos mucho para asegurarnos de que no se viera como una publicidad. Más aún, aparece como contenido útil. Si presentas anuncios ante los usuarios, puede ser considerado demasiado intrusivo y alejar a los clientes.

Cuando en 2010 lo lanzamos sin ninguna publicidad, en una semana se posicionó en la cima de la lista de aplicaciones con más éxito fuera de los Estados Unidos. Entonces invertimos 6.000 dólares en publicidad, lo que nos llevó a la cúspide de la lista en los Estados Unidos. Un éxito de este tipo con ese presupuesto sería imposible en la actualidad. Hoy tenemos aproximadamente 50 millones de descargas por mes. La cifra que nos llevó a la cima cuando la lanzamos era mucho –pero mucho– más pequeña. Como se puede imaginar, con el aumento del uso de Smartphones, también aumentó la popularidad en el mercado".

¿Cuánto costó desarrollarlo?

"El costo de desarrollo de la aplicación depende en realidad desde qué perspectiva se lo mire. Si se toma la cantidad de dinero invertida hasta el momento del lanzamiento, la cifra es 200.000 dólares. Si, por otro lado, se considera solo el tiempo dedicado exclusivamente a ese proyecto, probablemente sea algo así como unos 25.000 dólares."

¿Cuál era el público meta?

"Tenemos un espectro amplio de usuarios de la aplicación. El perfil de edad va desde los 9 meses a los 99 años. El grupo demográfico principal tiene entre 3 y 35 años, distribuidos en partes iguales de hombres y mujeres. Los niños usan la aplicación como niñera. Los adultos la usan como un truco para mostrar en las fiestas. Las personas mayores pueden utilizarla como entretenimiento cuando están solos. Pero, sorprendentemente, desde el lanzamiento hemos estado recibiendo muchos mails de padres de niños autistas o con síndrome de Down, e incluso de quienes cuidan a pacientes con Parkinson. Estos últimos, cuando le hablan a la aplicación, pueden darse cuenta de que están hablando un poco bajo, entonces hacen un esfuerzo más grande para proyectar la voz. Es muy positivo que tanta gente haya encontrado otros beneficios de la aplicación. Por supuesto, de no encontrarlos no volverían a usarla nunca."

¿Cómo obtener beneficios económicos de una aplicación?

"El camino más frecuente es registrar los derechos de autor. Por eso hemos invertido mucho tiempo y esfuerzo en el desarrollo de los personajes. Lo más importante es que sean agradables y queridos por personas de todas las edades y de cualquier parte del mundo. Nuestra intención es ingresar en otros medios, no solo en las plataformas de teléfonos móviles. Cuando a alguien le gusta la marca debería poder conseguirla en cualquier lugar, no únicamente mediante su teléfono móvil. Por eso hemos hecho algunos videos con Disney. Las aplicaciones se pueden copiar, así que el verdadero desafío es que el personaje llegue a los corazones de las personas. Es cierto, Angry Birds ha sido un éxito impresionante. Una de las diferencias, sin embargo, es que nos hemos concentrado mucho en nuestros personajes."

¿Se toman un tiempo para desconectarse?

"Con frecuencia salimos a correr por la mañana, y es en ese momento cuando se nos ocurren las mejores y más locas ideas. Normalmente nos tomamos algo de tiempo para una breve meditación o vamos a un acantilado que da al mar para prepararnos para la tarea diaria. Realmente extrañamos esto cuando no estamos en Chipre. Y existen muchas técnicas instantáneas que pueden usarse para absorber la energía del universo."

¿Nuevas ideas en preparación?

"Hacemos reuniones mensuales con tiempo destinado a lo que describimos como días de presentación o generación de nuevas ideas. Alentamos a que regularmente los empleados compartan sus ideas. Tuvimos que esforzarnos para explicarles que todos los días surgen millones de ideas para nuestros productos, pero solo unas pocas terminan sirviendo. Cuando finalmente lo comprenden, la colaboración deja de ser un problema.

"Estamos constantemente trabajando en nuevas ideas, algunas de ellas con mucho potencial para el éxito. Pero nunca se sabe. A propósito, tenemos grandes noticias sobre Talking Tom. Se está haciendo una serie televisiva para la familia Talking. Y, finalmente, una nueva aplicación de entretenimiento educativo para Ginger."

¿Qué pasa con el desarrollo personal en relación con la empresa?

"No existe la vida privada separada de la vida laboral. Solo hay vida. El conocimiento puede ser utilizado tanto de manera privada como en la vida laboral. Las reglas son exactamente las mismas: si puedes lograr que desaparezca el dolor de cabeza, también puedes conseguir que la aplicación tenga más éxito. Estamos casados desde hace 22 años. Nos casamos cuando estábamos estudiando y trabajando en un proyecto que ayudaba a leer a los niños de preescolar. Después de eso, no volvimos a trabajar juntos durante 15 años. Cuando hicimos pruebas psicológicas descubrimos que éramos opuestos. Nunca representó un problema serio vivir y trabajar juntos, porque nuestro matrimonio se construyó con respeto y amor hacia lo que hacemos y a nuestra familia numerosa: Tom, Angela, Ben y Ginger. Por supuesto, además de que ambos seamos líderes que creen en el desarrollo personal y el autoconocimiento, es necesario que exista un ambiente adecuado en toda la organización. Nosotros podemos recalcar su importancia, pero depende de las personas decidir si lo aceptan o no."

¿Qué perspectiva tiene con respecto al dinero?

"Lo importante en los negocios es entender y respetar el dinero. El dinero que conseguimos es solo la energía que aportamos, que nos vuelve en una forma diferente. Si no respetamos el dinero, no respetamos nuestras energías ni nos respetamos a nosotros mismos. Sentir culpa de tener dinero viene de tiempos en que la gente creía que solo la gente dedicada (sagrada) tenía derecho a tener más, a ser feliz, etc. No hay necesidad de esto. Todos tenemos derecho a ser exitosos, felices, a que nos paguen por la energía que invertimos en el proyecto. 'Dinero' no es una palabra sucia o algo de lo que uno deba avergonzarse."

Visión del futuro

"Estamos creando un mundo mejor en el que los consumidores de entretenimiento actuales terminarán por convertirse en creadores el día de mañana. Esto se fomenta con nuestra enorme cantidad de personajes globales que deleitan a la gente con alegría, libertad de expresión y originalidad. Estamos yendo más allá de cualquier expectativa y nos estamos convirtiendo en el equipo más creativo, divertido y exitoso del mundo."

Conclusiones de Outfit7

- La diversión puede ser un factor clave.
- Mire dentro de usted para encontrar el origen de sus temores.
- A veces no vemos una oportunidad de éxito que está frente a nuestras propias narices. Puede llegar a sorprenderse por el impacto que tendrán su producto o servicio.
- Haga que su aplicación sea el mejor amigo de su cliente.
- Invierta en personajes y haga que cobren vida.
- Dinero, dinero: si trabaja duro, merece que le paguen.
- No hay una varita mágica, pero tiene que rodearse de la gente indicada, gente que comparta sus mismos valores.
- Escuche y aprenda de la crítica.
- Conozca a sus clientes.

UNISLIM - NEWRY, IRLANDA DEL NORTE

La directora ejecutiva, Fiona Gratzner, me encomendó que diera un discurso de apertura para Unislim Leaders. Durante el evento se me acercó la fundadora, la madre de Fiona. Agnes McCourt, que entonces tenía 72 años, aún estaba dictando clases en Newry, Condado de Down. Me inspiraron su pasión y su deseo genuino de que las personas mejoraran sus hábitos alimenticios. Continúa siendo muy apasionada al respecto, incluso luego de 40 años de estar en el negocio. Mi madre asistió a esas clases. Mientras charlábamos, Agnes compartió conmigo una historia de su primera clase, en la que admitió no tener ni la mínima idea sobre el negocio. Esto me intrigó.

Agnes McCourt recuerda: "Luego de mi tercer parto tenía 20 kilos de sobrepeso. Quería bajar de peso desesperadamente, y el único consejo que me dio el médico fue tomar pastillas para adelgazar. Luego de un tiempo de deliberaciones y gracias a la inspiración de mi marido, Brian, decidí invitar a amigos y vecinos a la primera 'Clase para reducir peso de Agnes McCourt'. El cura de la zona nos prestó las instalaciones e incluso nos consiguió nuestros primeros tres clientes. Estos tres y otros seis más asistieron a mi clase, y así comenzó nuestro camino."

¿Cuán preparada estaba para su primera clase?

"En la primera clase, reconocí ante mi audiencia que no tenía mucha idea sobre cómo bajar de peso. Para empezar, invité a las mujeres a que comentaran sus hábitos alimenticios. Ellas aceptaron que la reunión fuera confidencial; lo que se dijese durante la clase permanecería entre nosotras. Una señora alzó la mano y nos contó que todos los días comía una hogaza de pan y un pote de mermelada. Usé la lógica y sugerí que comiera la mitad de eso y viera qué pasaba. A la semana siguiente, la mujer había bajado un kilo. Durante la primera semana la mayoría de ellas había bajado de peso. Mis consejos funcionaban. Tres años más tarde, después de haber disminuido más de 20 kilos en ese lapso, comenzaron a correr los rumores de que si alguien quería perder peso, debía acudir a mí. 'Puede hacer que bajes de peso con solo hablarte'.

"El 30 de mayo de 1972, con la inspiración y la dirección de mi marido, comencé Unislim. El nombre se le ocurrió a él en una noche oscura en South Armagh. Nosotros éramos un equipo excelente: yo era la visionaria y Brian era quien se ocupaba de los detalles en el camino hacia el objetivo. Él era el gurú de la investigación y confeccionaba discursos para líderes sobre dietas o temas relevantes, y lograba dirigir –gracias a su pedigrí 'matrícula de honor'– las investigaciones más actualizadas y pertinentes. Poco a poco nuestro cóctel de consejos para la dieta, algo de ejercicio y la iniciativa de crear una comunidad hicieron que ganáramos renombre en todo el país."

¿Qué influencia tuvo su educación en su perspicacia para los negocios?

"Yo fui la tercera de cinco hijos, y me criaron con una ética de trabajo sólida. Desde muy temprana edad todas las semanas debía encargarme de varios quehaceres de la granja: ordeñar vacas, asistir el parto de corderos, limpiar establos; cualquier cosa que se te ocurra, todo lo hacía yo. Esto me enseñó la importancia de hacer las cosas por mí misma, lo que me dio coraje y perseverancia en los momentos más oscuros de mi vida.

"Mi padre era un ganadero así que manejar y lidiar con las cosas estaba en mi sangre. Mi madre era enfermera.

Siempre estaba atenta y ayudaba al que más lo necesitara en la vecindad. A pesar de mi crianza emprendedora, terminé en un trabajo estable como maestra, y me casé con otro maestro. Tal vez todas esas horas que dedicaba a enseñar a los más pequeños de mi casa me convencieron de que esa era la carrera para mí.

"Cuando empezamos Unislim, Brian decidió dejar la docencia para enfocarse totalmente en lo que parecía ser una enorme oportunidad de negocios. Su madre no apoyaba esta decisión, ella quería que conservara el trabajo estable. Tardó 18 meses en volver a dirigirme la palabra."

¿Cuándo se dieron cuenta de que el proyecto podía llegar a ser grande?

"A la primera clase que dictamos en Warrenpoint, ya presentándonos como Unislim, asistieron 58 personas. La concurrencia fue apabullante. Esa noche hablé con el hermano de Brian, quien planteó una pregunta interesante: '¿Qué sucederá cuando todos en Warrenpoint hayan bajado de peso?'. No mucho después, esa pregunta tuvo la siguiente respuesta que escribí en un trozo de papel: 'Voy a dar una clase de Unislim en cada pueblo de Irlanda'.

"Ese fue mi objetivo claro e imperioso. Estaba convencida de que podía lograrlo, pero no todos compartían mi certeza. Cuando se lo conté a Brian, él pensó que estaba loca. En aquellos tiempos, aparte de alguna visita al bingo por semana, el lugar de la mujer era la casa. No había gimnasios ni clases de adelgazamiento, así que muy pocas dejaban sus hogares para tener relaciones sociales. Unislim brindaría una nueva opción. Al principio de la década de los 70, Irlanda del Norte se enfrentaba a un nuevo desafío: los disturbios, que iban a tener profundas consecuencias en nuestras vidas."

¿Estrategia de reclutamiento?

"En cuanto al reclutamiento de nuevos líderes, en gran parte la decisión se basa en qué me parece la persona. Esta información es producto de mi intuición, es algo visceral. Si no siento que es la persona indicada, no es la persona indicada. La filosofía de Unislim es algo que tomamos muy en serio: servir a nuestros miembros con entusiasmo y excelencia, ofrecerles el mejor servicio en nuestra área y mejorar la calidad de vida de todos los miembros. Si nuestros líderes no viviesen y respirasen esta filosofía, no dudaría en despedirlos al instante. Recuerda que para mí no darlo todo es lo mismo que quitarle el dinero de los bolsillos a la gente."

¿Cuánto le importan los valores?

"Los valores son lo más importante en mi vida y en mis decisiones. Mis tres valores centrales son honestidad, integridad y confianza. Una vez más, en términos de selección y retención de empleados, si se viola alguno de estos tres valores el contrato se termina en ese momento. Yo nunca trabajé en busca de dinero; siempre quise ayudar a la gente. Pero siempre supe que, si hacía un trabajo excelente, iba a obtener una buena recompensa. No debe creerse que exista una manera rápida de hacer mucho dinero. Hay que ser apasionado, amar lo que se hace. No creo que pueda lograrse de otra manera. Aún me molesta ver personas con sobrepeso, no solo porque estén arruinando la calidad de sus propias vidas, sino porque es probable que lo hereden las generaciones posteriores."

¿Qué piensa de la realización xcepcional?

"Cuando el cliente se va de una clase con una sonrisa, esa es la realización xcepcional. Una sonrisa significa que he hecho un excelente trabajo, que lo he dado todo y lo he hecho lo mejor que pude. Eso es la realización xcepcional. Si lo mejor que puedes dar no es suficiente, busca otro tipo de trabajo."

Conclusiones de Unislim

- La jubilación no es una opción.
- ¿Lleva la ética de trabajo en sus genes?
- Si puede encontrar la solución a algún problema, no la deje escapar.
- No es necesario el conocimiento.
- Persevere. No se preocupe si le cierran las puertas en la cara.
- No es posible complacer a todos al mismo tiempo.
- No sienta temor ante las injusticias.
- El dinero viene con un trabajo bien hecho.
- Cuando esté reclutando, no hay 'peros' que valgan.
- Si lo mejor que puede dar no es suficiente, busque otra cosa que hacer.

WEDEMAND (QUEREMOS) - RÍO DE JANEIRO, BRASIL

Mi colega en Brasil, Fabiano, me presentó una agencia patrocinadora que consideraba a WeDemand.com una de las joyas de su portafolio. Me encanta el concepto y la historia que existe detrás de esa empresa. Cinco muchachos de Brasil, amantes de la música, querían ver a su banda favorita en su ciudad natal. Construyeron un negocio innovador para llevar a cabo la solución que habían encontrado. La crudeza de la historia y la pasión, así como el entusiasmo de Bruno por esta empresa, son refrescantes y contagiosos. Su historia está llena de magia y aventuras, y muestra el enorme crecimiento de un nuevo negocio emergente.

¿Cómo evolucionaron sus ideas?

Bruno Natal explica: "La realización xcepcional es algo bueno para todos. Equilibra todas las partes del proceso. Los clientes quedan contentos porque lo peor que les puede pasar es recibir un descuento, aunque también pueden llegar a recibir una entrada gratis para el concierto que elijan. La banda queda contenta porque la plataforma les permite ver y satisfacer las solicitudes recibidas desde ciudades que tal vez nunca pensaron visitar. El patrocinador queda contento porque la participación colectiva elimina los riesgos de llevar la banda a un nuevo lugar."

¿Cómo comenzó todo?

"La empresa y la idea de la participación colectiva vino de la necesidad de solucionar los problemas de un grupo de verdaderos fanáticos de la música. La idea surgió cuando un patrocinador tuvo la posibilidad de traer un show a Río de Janeiro pero estaba preocupado por los riesgos. Como se trataba de una de las bandas favoritas de uno de los cofundadores, se puso a pensar cómo podía lograr que vinieran.

"Se necesitaba un depósito de 10.000 dólares, y uno de los chicos creyó que era posible enviar un mail a 120 de sus amigos y conseguir que 100 de ellos hiciera una inversión de 100 dólares cada uno, de modo que pudiera reunirse el depósito de 10.000 dólares. Los inversores sabían que, si el concierto contaba con suficiente publicidad y vendía bien, iban a recuperar su dinero y, por supuesto, además podrían disfrutar del concierto en forma gratuita. En un estadio donde cabían 2.000 personas, asistieron 1.000 personas. Los *fans* recuperaron su dinero y nosotros conseguimos un pequeño beneficio.

"Sabíamos que los patrocinadores siempre estaban preocupados cuando llevaban bandas a Río. Sus habitantes nunca hacen reservas y solo deciden la compra de una entrada el mismo día del concierto. Si durante todo el día ha hecho mucho calor, es probable que elijan quedarse en casa. Si llueve, también puede ser que ni aparezcan. Si a esto se le suma la falta de publicidad del evento, en realidad el patrocinador tiene serias razones para preocuparse por el resultado. Por eso, había muchos amantes de la música que debían trasladarse hasta San Pablo y gastar muchísimo más dinero para poder ver a sus bandas favoritas. El pasaje de avión, la estadía y la entrada al concierto podían llegar a costar algunos cientos de dólares. Para la alternativa que queríamos crear solo hacía falta pagar 100 dólares. Si bien era caro, era mucho más barato que la opción que existía hasta ese momento."

¿Qué demandaban los clientes?

"Después de un tiempo, el modelo fue modificado. Los primeros inversores obtenían descuentos en el precio de las entradas y, si se vendían todas las entradas, podían disfrutar de la experiencia gratis. Además, el hecho de formar parte de eso era muy significativo por otra razón: la gente estaba entusiasmada por haber participado de algo xcepcional, por haber sido la razón por la cual ese evento hubiera ocurrido. Esto, sumado a los evidentes beneficios de disfrutar de su banda favorita a un precio con descuento, hizo que vieran la inversión como una oportunidad imperdible.

"De alguna manera, el costo se volvió algo secundario en esta experiencia que podía ser más trascendental. Después de hacer dos encuestas más, de las cuales una obtuvo respuestas de más de seis mil usuarios y de un *focus group*, confirmamos que la devolución del dinero no era lo que motivaba a la gente. Hacer que el concierto sucediera era la causa. Así que ahora vamos a recompensar a los usuarios más frecuentes con entradas gratis a través de un programa de fidelización."

¿La gente se preocupaba por su dinero?

"La confianza es un factor importante a la hora de crear un negocio. Era necesario que las personas confiaran en nosotros antes de darnos su dinero. Mi propio perfil, que se generó en la columna que escribo en el segundo periódico más importante de Brasil, *O Globo*, y mi blog ayudaron a que esto sucediera. Internet ha sido un catalizador para darles mayor transparencia a los negocios, y eso es algo muy positivo".

¿Tenía una idea clara de hacia dónde
iba desde el primer día?

"Al principio no teníamos ningún objetivo claro ni plan de negocios. Las cosas fueron evolucionando a medida que la gente iba demandando. Por ejemplo, el plan de negocios se hizo cuando estábamos buscando inversión. Al principio, la empresa era autónoma, se mantenía con los beneficios de algunos de los eventos que organizábamos. La mayoría de los beneficios se reinvertían. Hasta que en diciembre nos unimos a 20121.com y juntamos 900.000 dólares. Los otros cuatro cofundadores trabajan tiempo completo. Yo soy el único que todavía tiene otros pequeños intereses: mi blog y mi columna en el periódico."

¿Irrumpir o colaborar?

"Por el momento no estamos tratando de irrumpir. En realidad la idea es ser una plataforma en colaboración, más que otra cosa. Vemos que evoluciona más hacia una plataforma para las personas interesadas y no como un lugar destinado a organizar eventos propios. Será una plataforma donde un patrocinador pueda evaluar la posible demanda en un área determinada y deducir de esa información si debe buscar un lugar con capacidad para 2.000 o para 1.000 personas. Por su parte, los artistas se verán beneficiados por tener más fechas, pero aún más por contar con un contacto de mejor calidad con sus seguidores."

¿Qué importancia tuvieron sus amistades
al construir la empresa?

"Cuatro de los cinco cofundadores nos conocemos desde la universidad, de cuando jugábamos al fútbol o colaborábamos en una pequeña revista de literatura. Con el director definitivo, Pedro, hice amistad en 2007 en Londres, cuando estaba terminando mi maestría en Realización de películas documentales. Lo invité a que se sumara al proyecto. Cada uno tiene una experiencia única y relevante. Tiago Lins, un economista que solía tener una banda Indie hace algunos años, ahora es el director de finanzas. Felipe Continentino trabajaba en publicidad y en la actualidad es nuestro jefe de operaciones. Yo era periodista y ahora me hago cargo del área de comunicación. Pedro Seiler es el investigador musical de A&R y Pedro García es nuestro jefe en el área de productos."

¿Cómo invirtieron sus recursos?

"Tras recibir financiación, estuvimos en condiciones de contratar tres programadores, un encargado de relaciones sociales y, por primera vez en dos años y medio, pagarnos un sueldo a nosotros mismos. Además, trabajamos mucho sobre la página. El mercado de los Estados Unidos también era un objetivo. Al ser mucho más grande y mejor establecido, tiene mucha más gente involucrada en la cadena. Estamos tratando de agregar algo que beneficie a todos, así que nuestro trabajo principal es adaptarnos a las opiniones y a los pedidos sin perder de vista quiénes somos y qué hacemos. Uno de los cofundadores se ha mudado a Nueva York para iniciar el negocio allí. Toma tiempo establecer relaciones con los patrocinadores y conseguir que la marca tenga renombre. En Brasil tuvimos la suerte de conseguir mucho reconocimiento ya desde el inicio por nuestro trabajo y por estar aquí. En los Estados Unidos comenzamos de la nada."

¿Cómo gana popularidad?

"Lo bueno es que la gente ha sido muy receptiva con la idea, y eso nos anima mucho. Estamos teniendo buena prensa y algunos de los artistas, como Snoop Dog [Lion] y T. Mills, hacen comentarios sobre nosotros en sus redes sociales. Ha habido algunos imitadores, sobre todo en nuestro país, pero creo que subestimaron la importancia de las relaciones y el tiempo. Es un poco más complicado de lo que ven en el sitio web."

¿Se desconecta?

"No, y ahora menos, porque estamos en un momento muy delicado. Nuestro amor es la música. Somos todos fanáticos de la música así que, sin duda alguna, yo haría esto aunque no obtuviera nada a cambio, con tal de estar involucrado. Aún estamos muy entusiasmados, pero no tenemos tiempo de andar soñando, ya que a la mayoría nos consumen las demandas de cada día."

¿Cuál es su estrategia de ventas?

"Cada vez que tenemos una campaña, la gente se compromete y hace correr la voz. Tenemos conciertos y cada vez más personas se enteran de WeDemand.com, y así es como sigue andando todo. Somos muy partidarios de hacer lo que queremos hacer de manera clara y honesta. Nuestro enfoque central del día a día es mantener a los clientes como prioridad."

Conclusiones de WeDemand

- No tome como objetivo encontrar una solución. Primero descubra cuál es el problema, sobre todo aquel que usted mismo experimente.
- Satisfacer la necesidad de atención del cliente puede ser una estrategia de ventas única.
- La realización mitiga el miedo.
- La amistad tiene el poder de construir una empresa.
- No hace falta tener un plan, un objetivo o valores. Solo ¡HÁGALO!
- Pasar información boca a boca, tanto cibernéticamente como personalmente, es una herramienta poderosa.
- Al principio, tener tiempo para desconectarse puede ser un desafío, pero la pasión puede sostenerlo.
- Siempre trate de tener buenas experiencias con los clientes.

SOBRE EL AUTOR

Kevin Kelly es una autoridad en temas de emprendimiento, liderazgo, ventas y motivación. Se crió en una pequeña familia de emprendedores con un negocio de ventas y ha estado vendiendo, negociando, escuchando y atendiendo a clientes desde muy temprana edad. Después de graduarse en la Universidad de Galway con un título en Comercio en 1987, rompió los récords de ventas de todas las compañías para las que trabajó en el rubro de construcción y manufactura. En 1990 empezó su propia empresa, Advanced Marketing Ltd.

Kelly adoptó la frase "xcepcionalizar", con la cual desafía a que las organizaciones y los individuos se concentren en la realización xcepcional de aquellas actividades que realmente más contribuyen al éxito.

Sus anteriores publicaciones incluyen los libros éxitos en ventas *Basics before Buzz (Lo básico antes que el ruido), How? When you don't know how (¿Cómo? Cuando no sabes cómo), Life – A Trip Towards Trust (La vida: un viaje hacia la confianza)* y *Xcepcionalize – Success Secrets for Students (Xcepcionalizar: secretos del éxito para estudiantes)*. También ha producido tres audiolibros: *Compelling Communication Strategies (Estrategias de comunicación efectivas), Setting, Getting and Forgetting Goals (Metas: fijarlas, alcanzarlas y olvidarlas)* y *Good Enough – Now Go Get It (Suficientemente bueno: ahora ve y consíguelo)*. Kevin demuestra el poder de cultivar una rentabilidad de las intuiciones.

Kevin Kelly es speaker en reuniones empresariales y conferencias en Europa, Medio Oriente, Asia y América; de

Teherán a Mónaco, de Hong Kong a Bogotá, de Seúl a Colorado, y habla frente a empresas que figuran en la lista *Fortune 500*, en la Mesa Redonda del Millón de Dólares, en las Cámaras de Comercio y en fondos de inversión entre muchos otros grupos en los rubros de servicio técnico, farmacéutico, salud, servicios financieros y ventas. En una sociedad con problemas de atención, se logran altos niveles de compromiso mediante una mezcla interactiva única de ejercicios, anécdotas, investigaciones de más actualidad y contenidos originales. Su equipo será desafiado, informado e inspirado.

Discursos

Los dinámicos discursos de Kevin Kelly son un catalizador para la mejora de la organización y para una realización xcepcional. Kevin transmite una experiencia interactiva que inspira, desafía e informa a su público. Esa experiencia interactiva se nutre de sus prácticas empresariales, personales y como emprendedor, incluidas sus perspectivas sobre el comportamiento humano obtenidas mediante mucho esfuerzo. Implementar las mejores prácticas de los Xcepcionalistas del mundo aumentará el compromiso de sus empleados y clientes, y atraerá ganancias.

Negocios emergentes: desarrollar la mentalidad Xcepcionalista

Aquellos que aspiran a ser emprendedores se enfrentan a muchos desafíos antes de tomar ese crucial primer paso, incluido el mito intimidante de que deben ser visionarios fuera de lo común, tener una idea innovadora y seguir un detallado plan de negocios perfectamente-estructurado-desde-el-principio.

Es más, de acuerdo con el Monitor Global de Emprendedores, tienen un miedo interno al fracaso, lo que constituye la causa número uno de por qué la gente no consigue actuar sobre sus sueños e ideas de emprendedor. Estos puntos clave llenos de energía recargarán la mente y harán dar por tierra el factor miedo y los mitos que retienen a la gente.

- No es necesario tener un momento de "¡Eureka!" antes de empezar.
- Resolver un problema personal puede ser la idea para el próximo éxito en los negocios.
- La falta de planificación es la planificación para el éxito.
- El mayor desafío es ver el problema, no resolverlo.
- El miedo es una influencia positiva.
- Construir amistades es el camino hacia un negocio sustentable.
- Las estrategias pasadas anuncian el futuro.

PYMES y emprendedores independientes: hacer crecer un negocio mediante una realización xcepcional

El profesor Amar Bhide, de la Universidad de Columbia, identificó, en su libro del año 2000 *The Age and Evolution of Business (La edad y evolución de un negocio)*, que el 88 % de las empresas estadounidenses que fueron exitosas en la década anterior habían sido el resultado de una "realización xcepcional de una idea ordinaria". Kevin Kelly explica la manera de pensar que existe detrás de aquellos que viven y respiran la mentalidad, la manera de ver los negocios y la vida, y revela los elementos clave necesarios para crear una cultura de realización xcepcional.

- La cultura empieza y termina en el líder.
- Las estrategias reconocen el déficit de atención del mercado.

- Venderle al cliente su propio producto.
- Hacer de la escucha activa un punto de ventas único.
- Apartarse de la manera tradicional de construir relaciones.
- Los equipos de ventas evolucionan en su composición y su competencia.
- Manejar esos momentos.

Líderes y emprendedores internos: liderar como un Xcepcionalista

En 2007, el Consejo de Negocios de Stanford destacó que la conciencia sobre sí mismo es el atributo más importante que un líder debe desarrollar. En 2011, un estudio de IBM dijo que estar cerca del cliente era la estrategia más importante para los líderes de negocios. En ese discurso, Kevin Kelly amplía este punto y subraya cómo imitar la mentalidad, las actitudes y las estrategias exitosas de los increíbles Xcepcionalistas entrevistados en su libro DO! En búsqueda de una realización xcepcional.

- Desarrollar una presencia auténtica y una cultura fortalecedora.
- Las personas complicadas son increíblemente predecibles.
- Comunicarse en la confusión.
- El poder de la amistad.
- Rentabilidad de las intuiciones.
- Ver el valor de los valores y tener paciencia en los planes.
- Una cultura de la paranoia.

www.kevinkellyunlimited.com

Este libro se terminó de imprimir en el mes de abril de 2015,
en Artes Gráficas Color Efe , Paso 192, Avellaneda,
Buenos Aires, República Argentina.